青少年百科知识文库

科学探索·**考古探秘**

SCIENTIFIC EXPLORATION

司马榆林◎编著

河南人民出版社

图书在版编目（CIP）数据

考古探秘／司马榆林编著．--郑州：河南人民出
版社，2014.11
（青少年百科知识文库．科学探索）
ISBN 978-7-215-09064-4

Ⅰ．①考．Ⅱ．①司．Ⅲ．①考古发现－世界－通俗读物
Ⅳ．①K86-49
中国版本图书馆CIP数据核字(2014)第258371号

设计制作：崔新颖　　王玉峰
图片提供：⑩ fotolia

河南人民出版社出版发行

（地址：郑州市经五路66号　　邮政编码：450002　电话：65788036）
新华书店经销　　　　永清县晔盛亚胶印有限公司　印刷
开本　710毫米×1000毫米　　　　1/16　　　印张 9
字数 128千字　　　　插页　　印数 1-6000册
2014 年 11 月第 1 版　　　　　　2015 年 4 月第 1 次印刷

定价：29.80 元

目录 CONTENTS

Part ❶ 探秘古墓遗址

Part ❷ 探秘古生物

Part ③ 考古之谜

Part ④ 人类进化考古

Part⑤ 探秘古文明

Part 6 探索历史名人

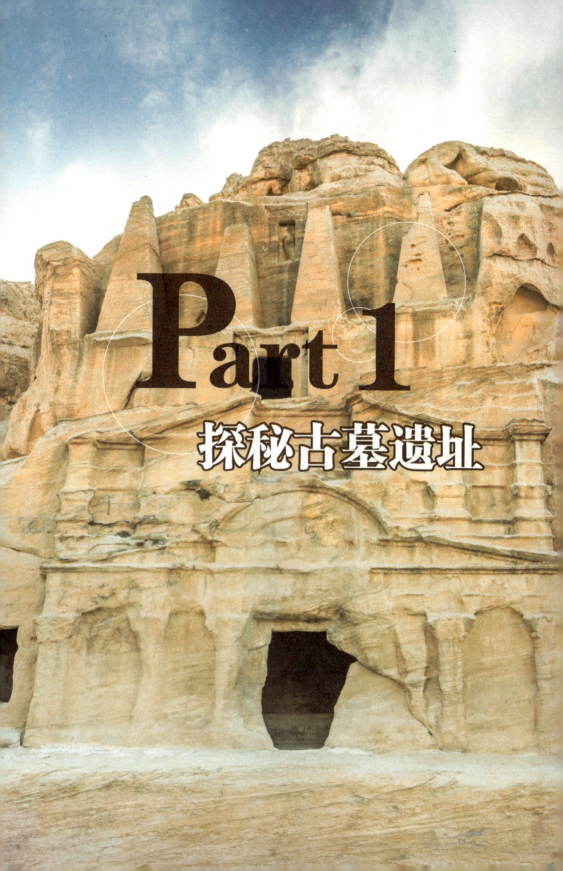

Part 1
探秘古墓遗址

动物木乃伊中蕴藏埃及文明玄机

　　周身紧裹亚麻长眠，动物木乃伊中蕴藏着古埃及文明生与死的奇妙玄机。

　　早在 1888 年，一个埃及农民在伊斯泰卜勒安泰尔村附近刨地时挖到一处大规模墓葬，但是墓葬中的尸骨并非人类，而是猫——被处理成木乃伊埋在墓穴中，数量多得惊人。那个时代许多经费无忧的探险队，就在沙漠中四处搜刮，寻找皇室墓穴、黄金珍宝、彩绘面具和棺木，然后拿去装点欧美的显贵庄园和博物馆。而埃及各处圣地出土的数以万计的动物木乃伊，只是被当成寻得宝藏前需要清理掉的障碍。当时几乎没人会研究它们，其重要性不为人知。

　　在之后的一个世纪里，考古变得不像简单的寻宝，而更像一门科学。发掘者现在认识到，考古遗址中的宝藏有很大部分在于反映寻常古人生活的细节——他们做些什么，想些什么，如何祈祷。动物木乃伊就正是此类宝藏的重要部分。今天，动物木乃伊已在金玉满堂的博物馆中成为最受欢迎的展品之一。不同国家、不同年龄的参观者摩肩接踵，前来一饱眼福。

　　有些动物被制成木乃伊是为了在死后能与逝者永恒做伴。另一些木乃伊则是给死者准备的食物。还有些动物被制成木乃伊，是因为它们已被视做某位神灵的化身。在第二十六王朝，大约公元前 664 年，用木乃伊来献祭开始广泛流行起来。当时埃及刚刚赶走外族统治者，国民们舒心地回归了本族的传统。动物木乃伊产业开始繁荣起来，雇佣了大批专业工人。人们要繁育动物，照管它们，然后宰杀、制作成木乃伊。还要用进口的树脂、准备亚麻绷带、挖墓穴。

为了弄清古代防腐师如何工作——古代文献中要么没有记载要么语焉不详——科学家只好自己动手试验。为了筹备材料，他们来到建于 14 世纪、迷宫般的开罗市集。最初的木乃伊实验品是兔子。它们大小适中易于处理，而且在肉铺就能买到。

与三千多年前制成的动物木乃伊一样，科学家的兔子也走向了幸福的来生，遵循程序，用印着魔咒的亚麻绷带将木乃伊缠绕起来。他们诵读祈祷文并焚香，并将木乃伊放入教室的壁橱里安息。

← 动物木乃伊

约旦铜矿遗址疑发现"所罗门宝藏"

　　一直以来，历史学家和寻宝人对传说中的所罗门国王以及宝藏都充满了好奇。考古学家研究后发现，今天位于约旦南部的古代铜矿和冶炼厂遗址，很可能就是所罗门王的宝藏所在地之一。

　　美国加利福尼亚大学圣迭戈分校的托马斯·莱维和穆罕默德·纳贾尔率领了一支考古队，在约旦南部的冶炼厂和古代铜矿遗址进行考古发掘。

　　这个遗址占地约 9 公顷，上面建有大致 100 个建筑，其中还包括一座堡垒。遗址地面上所覆盖的黑色矿渣表示，这里曾经进行过大规模冶炼活动。

　　考古人员在最底层矿渣中发现了柳枝、椰枣核和其他用来制作碳的木材，鉴定后发现，这些物品大致可以追溯到公元前 10 世纪至公元前 9 世纪。同时，人们还发现了当时同一时期的古埃及手工制品，包括圣甲虫石和护身符。

　　援引莱维的话说："我们已经证明，在公元前 10 世纪至公元前 9 世纪的这段时间里的确存在着复杂的社会形态。"而这一时期,恰好就是《圣经》里所记载的所罗门国王统治时期。

这个铜矿遗址早在几十年前就已经被发现了。

20世纪70年代至80年代，研究人员初步发掘后指出，这一铜矿的冶炼活动一直到公元前7世纪才出现。这个时期是在所罗门国王统治时期之后的，因此他们认为这个铜矿与所罗门国王没有关系。

但更进一步的发掘后又推翻了以前的说法。

"我们已经不能相信前人所有的话。"莱维在一份声明中说，"这一研究证明的考古科学数据和《圣经》里所记载有相同之处。"

有评论指出，这一铜矿规模庞大，可能曾经给国王带来巨大财富。

考古学家说，虽然这个铜矿遗址可追溯至所罗门国王统治时期，但仍无法最后确定铜矿的主人就是所罗门国王，因为它所在的位置并非所罗门国王当年管辖的领土。

虽然关于所罗门国王的记载仅来自《圣经》的，但仍有不少历史学家相信历史上的确存在他这样一位人物。

根据《圣经》记载，所罗门王是大卫王的儿子。他是古以色列王国的第三任国王，统治了以色列王国40年。在他统治期间，古以色列国力强盛、政局也很稳定。小说家H. 赖德·哈格德19世纪也曾写过一本名为《所罗门国王的宝藏》的小说，在这部小说中说，所罗门国王的宝藏中藏着无数的金子和钻石。1985年，这部小说被拍成了电影上映，更是掀起了一阵"寻宝热"。

英发现古罗马军团 1 世纪大屠杀遗址

　　某一日，负责修建奥林匹克公路的建筑工人在多西特郡威斯茂附近的瑞时威山上，发现了一座两千年前的战争古墓，竟在其中找到了 40 多具无头尸体。据考古学家推测，这些人可能是在公元 43 年罗马帝国入侵时惨遭杀害的。

　　考古学家莫蒂默·惠勒说，这些遇害者都是被斩首的，甚至有的人

←　战争古
墓遗址

的四肢也被砍掉了。古墓处在被称为"梅登堡"的地方，那里曾经是英国凯尔特部落在抗击罗马入侵者维斯西巴安将军时最后据守的场所。当时，维斯西巴安奉罗马帝国的皇帝克劳迪亚斯的命令，出发向英国西南方进攻。而他的目标就是保证沿海港口的安全，同时占领位于康沃尔和萨默塞特郡的银矿和锡矿。在这个行军过程中，他一共攻下了20多座建于山顶的城堡，包括"梅登堡"。

惠勒根据这个战争古墓，勾画出了当时"梅登堡"被罗马军队攻陷时的情景。他指出，罗马军队为了发泄怒火而毁掉了这座城堡，并且将所有男人、女人以及孩子斩首，最后将城堡付之一炬。尽管目前还没有明确的证据可以佐证他的推测，但这座古墓的发现，将会改变考古学上的一些观点。考古学家们认为，从这些遇害者的遗骸中可以看出，其中多数为年轻人，他们很可能是被罗马士兵杀死的。

负责这座古墓挖掘工作的考古学家戴夫·斯科尔说，这真是一个令人激动的伟大发现。古墓直径达6米，目前他们已经发掘出了45具骨骼，而这些有可能仅仅是这座古墓遇害者的十分之一。"尽管现在我们还不知道这些人为什么被杀害并被埋入这个大坑中，但很显然当时一定发生了某种灾难性的事件，导致了大规模屠杀，而引发这些事件的原因通常就是战争。我们也不知道这些尸体的头颅，是在死前还是死后被割下来的"。

"梅登堡"大约建于公元前600年，占地56000多平方米。在公元前450年，这座城堡被扩建成原来的3倍大，成为英国最大的山顶城堡。同时，城堡外面还修建了城墙和沟渠，防御能力已经非常强大了。一直到了古罗马时期，城堡才被占领。罗马人将那里作为军事基地，修建了神庙和其他的辅助建筑。6世纪后，这座城堡被罗马人废弃。

撒哈拉沙漠发现石器时代完整墓葬群

　　大约 5300 年前，在现今的尼日尔中部地区，一个女人和两个孩子死去了，他们的死因至今无人知晓。这三个人被小心地埋葬在一片花床之中——妇女和那两个 8 岁及 5 岁的孩子拥抱在一起。几千年后，美国芝加哥大学的古生物学家保罗·塞利诺教授与他的考察队在寻找恐龙的过程中发现了这三具遗骸。塞利诺教授后来在国家地理学会举行的新闻发布会上说："这一发现让我们落泪。"

　　碳测年显示，这些遗骸属于泰内瑞人，他们生活在格比罗地区。随着发掘工作的深入，研究人员最后发现了迄今为止撒哈拉沙漠中最大的一个完整墓葬群。塞利诺指出，研究人员同时还在那里发现了基斐安人的遗骸，他们生活的年代甚至比泰内瑞人还要早 5000 年左右。研究人员们发现的这一大规模的石器时代墓葬群，向人们展示了距今 1 万年至 4000 年之间的绿色撒哈拉。

　　在谈到这项研究工作时，塞利诺介绍说："你所发现的每样东西，包括动物的骨骼都不属于沙漠。我发现，我们正站在过去的撒哈拉绿洲之中。"研究人员又陆续在格比罗遗址中发现了大量的花粉遗迹、珠宝、陶器碎片和动物化石，这将帮助科学家们描绘出这两个部落完整的生活图画。据塞利诺介绍，他们光初步发现的单个墓葬就多达 200 处。

研究人员还在几处墓葬中发现了人和动物的骨骼化石以及生产生活的器具，数量之多在撒哈拉沙漠地区前所未有，其中的动物化石还包括了一些大型鳄鱼和鱼类的化石。各种证据都表明，那时人们都生活在水草丰茂的环境中，也有很多动物在这里繁衍，堪称撒哈拉地区历史上难得的"绿色时期"。

研究人员发现，这些墓葬均分布在一处古湖泊周边。但从出土的器物、人类骨骼等的特点分析，墓中埋葬的是曾先后生活在这一片水域，相隔大致 1000 年的两个不同文化时期的人类。其中，较早时期的文化大约距今 1 万年至 8000 年，较晚时期的文化时期距今大约在 7000 年到 4500 年。意大利卡西诺大学的考古专家伊莲娜·加恰尔对石器时代的古陶器有着很深的研究。她向塞利诺表示："在这里所发现的两种陶器的制造者们都生活在相同的地点，但时间间隔却超过了 1000 年，这实在太让人惊讶了。"

研究小组的成员之一、生物考古学家克里斯托弗·托斯扬·洛基介绍说，在较早的文化时期，人们以野外狩猎为生。而当时正好处于已知的撒哈拉历史上最为湿润的时期，考古人员还找到了一些器具残片，这说明当时人们会用长木鱼叉捕鱼。这一时期的人们由于从事野外捕猎等活动，所以体型高大，有的身高甚至都超过了 1.8 米。

但是，他们在死后被埋葬时都被摆放成紧紧蜷缩的形状，只有计算骨骼后，才发现他们的个头并不矮。通过对头骨的测量，研究人员推断出，基斐安人生前的站立高度可能能够达到两米。而至今仍遗留在骨骼上的肌肉痕迹则表明，当时泰内瑞人和基斐安人的身体都相当健康。

较晚文化时期的已经到了"绿色撒哈拉"的后期，人们生存方式也更加多样化。考古学家们发现了他们捕鱼、放牧、打猎的证据。墓葬中还有珠宝首饰等随葬品，某一个墓穴中一位的女性胳膊上戴着用河马牙雕刻而成的镯子，而在另一处墓穴里研究人员就发现了上文提到的三具紧紧相拥的遗骸。

令专家感兴趣的是，这前后两个不同文化时期的人为何会相隔千年却偏巧生存在同一区域，连墓地也建在一处，而且似乎丝毫没有破坏先建的墓地。亚利桑那州立大学的生物考古学家克里斯托弗表示："当我们第一眼看到这一切时，几乎很难想象两个在生物学上截然不同的种族竟然会在死后埋葬在同一地点。而最大的谜团就在于为什么他们没有选择另寻一处墓地来埋葬死者。"

据研究人员说，在距今约 1.2 万年前，因为地球运行轨道的细微变化以及其他众多因素，导致非洲的季风带稍稍向北偏移，在一段时期内给撒哈拉北部带来了降雨，原本干旱的地区于是出现了湖泊绿洲。

← 撒哈拉沙漠

川南发现新石器遗址

　　川南地区首次发现的新石器时代遗址，在向家坝库区现身。出土的文物数量多，种类丰富，是四川考古的又一惊人重大发现。目前库区内还有几十处遗址和墓地仍待发掘，涉及时代从新石器时代到明清时期。

　　"这次发现的新石器时期遗址，在川南地区首次发现，填补了四川新石器时代文化在川南地区的空白，可以把对川南地区历史的认识提前2000年，同时为研究金沙江流域和成都平原、峡江地区的史前的文化交流都提供了重要材料。"专家如此表示。

　　叫化岩遗址和长沙地遗址位于宜宾市屏山县楼东乡沙坝村三组，处于金沙江北岸。2009年6月至9月进行首次发掘，钻探面积4000平方米，发掘面积2500平方米。截至9月18日，一共发现房子11座、灰坑34个、窑1座、墓葬16座、沟2条，出土各类遗物共计562件组，出土的遗迹遗物主要集中在新石器、秦汉和明清三个时期。

　　新石器时期的遗迹包括了房子7座，灰坑10个。房子均为地面建筑，共分为有基槽有柱洞和有基槽无柱洞两种。灰坑平面可分为椭圆形、长条形、圆形和不规则四种。出土陶片近5000片。可辨器型的有花边口绳纹罐、盘口器、敞口翻沿器、侈口折沿罐、喇叭口高领罐、内折沿钵、敛口卷沿罐、折腹罐等等，以圆足器和平底器为主。根据器物组合、器型的变化和纹饰演变规律来分析，该遗址可分成三期。一期至三期属于同一文化的前后不同发展的阶段，为金沙江流域新发现的考古学文化类型。"与周邻文化相对照的话，遗址的年代应该为距今4700～5000年间。"

秦至汉时期遗存的主要为墓葬，包括1座砖室墓和14座土坑墓。共计出土器物203件组，其中陶器154件，铁器11件，兽骨4件，铜器31件组，石器1件，蚌壳2件。陶器主要为釜、壶、罐、釜甑等，铜器包括釜、剑、钺、矛、带钩、印章和大量半两钱。铁器主要为铁釜和环首铁削，"该处墓地保存好，还未被盗掘，是川南地区目前发现的最为重要的巴蜀墓地。"考古负责人称，该墓地出土的器物具有很明显的巴蜀文化特征，这证明了该区域是蜀人在南迁路线上的重要据点，同时还在该墓地中出土了带有明显楚文化和西北石棺葬文化的器物，这说明该地区在战国晚期——西汉早期的这段时间内，同时受到了峡江地区和岷江上游两种文化的影响。

明清时期的遗存主要还包括房子4座、灰坑17个、窑1座、墓葬1座和沟2条，出土了大量釉陶器、青花瓷器、白瓷器、铜器和骨器。其中还有一件青花瓷杯带有纪年款"大明成化年"，为这批出土器物提供了很确切的年代依据。

南京发现几十座古墓

"天玺元年十月五日作"一块纪年砖的出现，让考古人员欣喜了半天。在雨花台南面农花村发掘出的有纪年砖，又相继出土了瓷碗、扁壶、陶猪、陶灶等齐全文物，东吴大墓可以说是一大亮点。然而出土的一件带有8个耳系的直腹小罐据考古专家称从未见过，而更神秘的是这一个人形小陶像，乍一看就像是个小佛像，但仔细看又像是胡人，它究竟是什么呢？

雨花台南面农花村一处经适房建设工地又挖出了几十座古墓。负责这次考古发掘的南京市博物馆考古部岳涌在描述发掘的过程时十分激动，"我干了这么多年考古，从来没在自己的工地上见到过纪年砖，这座大墓圆确实了了我的一个心愿。"他指着古墓墙壁满眼的花砖说。夹杂在花砖里，还有几块带文字的青砖，其中有一块字迹清晰可辨："天玺元年十月五日作"。

考古专家介绍说，天玺元年应该是公元276年，属东吴晚期，末帝孙皓为了维护他的统治，制造了"天命永归大吴"的舆论，但是天玺只存在了一年。这座大墓坐北朝南，背靠山坡，长9米，宽3米。墓门甬道前排水沟长约5米多，甬道后分了前室和后室，"一厅两室"有通道相连。内铺地砖，地砖也满都是钱纹图案，都作人字纹铺砌，墙体是"三顺一丁"

的砌法。"四隅券进式"的穹降顶，左右两侧各用两层砖垒砌成了祭台。在大墓的西侧还发掘出了一座同时代的小墓，专家认为，从墓型的规模和出土来判断，这应该是家族墓群，墓主身份的等级非常高。

"这肯定被扰乱了，该墓在七百多年后，也就是公元1000年，宋代的盗墓贼曾经应该光顾过。在前室中还发现了宋代的遗留物，另外，有一个很大的堆塑罐被移动了位置，罐子被打破，从碎片里我们还是发现了一个上了釉的红陶小人像。"这让岳涌感到非常惊喜，从发现的堆塑罐残片看，墓主可能信佛，可见东吴时佛教就已经在社会上传播。"但是这件小陶人让人很摸不着头脑，乍一看像是个小佛像，但仔细看又像是个胡人。汉人的衣服前襟是向右的，而胡人则是向左的。这个小人的衣襟似乎是朝左，因此可能是个胡人，并且仔细看，小人双手交叉抱在胸前，头上还戴着一顶毡帽。"

古墓中还出土了一件十分奇怪的直腹小罐，人人都称从未见过。另外还出土了一批盆、青瓷扁壶、青瓷碗以及磨盘、陶灶、陶猪等生活陪葬品，还有十多枚汉代的五铢铜钱。由于尚未发现墓志或地券等相关文字遗迹，墓主的身份还无法弄清楚。

雨花台古墓群共有25座大小不一的古墓分布在雨花台南面王家大塘的周围，从东吴到宋、明，直到清代康熙、乾隆时期的都有。其中砖室墓就有十多座，其余的是一些小型土墩墓。就目前的来看，这座东吴大墓该有的都有了，已经完全可以作为范本了，可以与今后没有纪年的古墓进行比照了。除了东吴大墓之外，王家大塘边还发现了一口宋代的古井，周围还分布着大量五代到宋代的灰坑，"灰坑证明是考证人类居住和活动最好的遗迹，灰坑的发现，就证实了这一地区南唐到北宋时百姓活动曾很频繁。"岳涌说。

周口店遗址发现北京猿人用火证据

　　周口店遗址保护性发掘中发现了烧骨、灰烬、炭屑等北京猿人可能会用火的证据。

　　此次发掘已经有一个半月，从发掘工作面中出土的烧骨、灰烬、炭屑等，为"北京人"用火提供了证据。此前国外学者对"北京人"能够

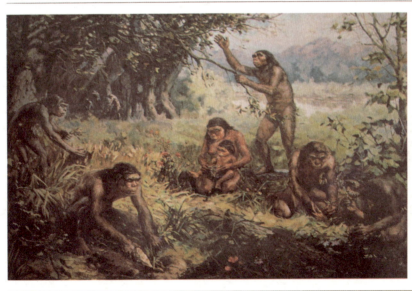

← 周口店遗址北京猿人想象图

用火一直存在怀疑，认为在周口店遗址中发现的灰烬不是来自于遗址的，但是这次出土的灰烬、烧骨、炭屑都来自发掘的层面。这些有力的证据将确凿地证明"北京人"具备了使用火——这一人类标志性的能力。

此次发掘，挖掘出了脊椎动物化石数量共近千件，其中大多数为食虫类、小型啮齿类和鸟类化石。大中型动物化石材料基本为残破的牙齿、肢骨等。

此外，发现了石锤等人类工具数十件。这表明我们的祖先已经熟练掌握了制造工具的工艺，并在生产生活中使用这些工具。

此次发掘把遗产抢救和保护放在第一位，尽可能少触动稳定的堆积体，对出土遗物遗迹及时保护加固。

工作人员利用全站仪的精确布方，把对遗物遗迹的精确测量、发掘中的精耕细作、对沉积物进行网筛水洗、对小化石在显微镜下的精挑细选等工作的各个方面进行了详细记录。

熊（完整犬齿1件、臼齿1件）、鹿（上颌骨2件及零散牙齿数件）、鬣狗（粪化石多件）、猕猴（上颌骨1件）；

食虫类（上下颌及零散牙齿数件）、鸟类（上下颌及零散牙齿、肢骨等多件）；

啮齿类（上下颌及零散牙齿、肢骨等多件）；

出土石制品种类：石核5件(锤击石核3件、砸击石核2件)、石锤5件、刮削器5件、石片断块6件、砍砸器2件、疑似石制品118件。

秦始皇陵园发掘有助揭示历史

秦始皇的陵园一直是人们关注的焦点。在陵园里，除了地宫外，还有大量的陪葬坑。那里到底还存在着多少秘密，又有多少故事呢？

自 20 世纪 50 年代，考古人员开始就对陵园进行考古调查和勘探，半个多世纪以来，共发现了大型地面建筑遗址十多处，大型陪葬坑、陪葬墓、修陵人墓等六百余座，出土重要文物五万余件。

在展品中，唯一一件插铜镞的颅骨引起了科学家的关注。这个颅骨的主人是谁，背后又有着怎样的故事？

王芸说，该颅骨出土于陵园外城的上焦村。在上焦村考古人员一共发现了 17 座陪葬墓。这些墓主人可能都是秦朝惨遭杀害的王子和公主，他们去世时大多只有一二十岁。

王芸解释说，此次展出的颅骨则可能是一位王子在玩耍时，惨遭射杀。因为这具颅骨的下颌骨向前凸出，表现出死前十分痛苦和惊恐的模样。根据目前的科技水平，人们可以根据颅骨来模拟王子生前的模样，而这位王子必定与秦始皇有相似的地方，这就可以模拟出秦始皇的模样。

王芸说，在秦二世胡亥称帝登基后，就将秦始皇的小王子和小公主们一一捕杀，有的被斩首示众，有的被射杀。这 17 座墓葬的发现，就为人们证明了两千多年前的那些血案。现在，少部分墓葬已被发掘，出土了不少文物精品，其中一件张口鼓目的银蟾蜍极其珍贵；还出土了一枚"荣禄"的印章，人们推测可能当时有位王子名叫"荣禄"。

在陵园的发掘中，K0006 号坑中曾挖掘出了 8 尊头戴长冠，颔首低眉，腰挂削及砥石（磨刀石）的立姿陶俑。在古代"削"就是指小刀，用以刮掉竹简上的字，专家据此推测，这些陶俑的作用可能是皇上如果有什么旨意，他们马上就会拿出竹简，记录下来，如果写错则就马上用"削"刮掉重写。

这些陶俑的发现一改以往兵马俑皆"武"的模样，被人们称作"袖手文官俑"。但是，在 K0006 号坑中，除了袖手俑外，还有御手俑，还有马、车、铜钺。文官俑的叫法引起了很大争议，也有人将其认定为司法人员，但都还没有确定。这些陶俑不是武将，但究竟是不是文官还难以确定，因其双手均笼于袖中，故暂称其为袖手俑。

在众多文物中还有一件小玩意——石博茕，与现在的骰子十分类似，但它有 14 个面，它出土于何处，是干什么的呢？

← 秦始皇陵园

秦始皇把他的陵园修有内城、外城，殿寝有正殿、偏殿。殿内有青石铺地，非常讲究。王芸说，正殿为秦始皇灵魂的主要居所，而偏殿就是灵魂的休闲娱乐场所。石博荦出土于偏殿，是秦始皇玩耍之物。这枚骰子共有 14 个面，每面都刻有一个字，其中一面刻着"骄"，而另外 12 面则依次刻有数字 1 到 12。

据专家推测，石博荦可能是骰子的雏形，但这 14 面的骰子到底怎么玩呢，又是如何演变成今天的 6 面？目前还不得而知。

"鼎"在古代属于礼仪器物。在这出土的文物中，秦陵第一大鼎竟和杂耍陶俑放在一起，让人疑惑。

这个大鼎号称秦陵第一大鼎，也是目前在秦陵出土的唯一一个青铜大鼎，重达两百多千克。王芸解释说，大鼎出土于百戏俑坑内。百戏俑坑目前还出土了十余件陶俑，陶俑的举止神态各异，个个滑稽可笑。在衣着上，均都赤裸上身，有的甚至还有"啤酒肚"，腰间还系着小裙子，是当时杂耍打扮。为什么把这有礼仪象征的大鼎埋在百戏俑坑里？王芸推测说，秦始皇统一后，就十分贬低原来国家的礼仪，故将鼎置于百戏俑坑。

在秦始皇帝陵修建时，大量的修陵人日夜劳作，许多人也因此葬身于陵园中。考古人员在陵园内也发现了不少修陵人墓。这些修陵人都是什么人，他们又缘何来这里修陵呢？

王芸说，修陵人一共有三种人：一种是当时的囚犯，一种是当时的工匠；这些都可从部分囚犯所用的工具中看出来；还有另外一种人则是"以工抵账"的人，这部分人大都是违反了当时的规章制度，需要罚款，但因又无钱交罚款，只能被征来修陵，据史料记载，当时一个工人的工资是 8 钱，如果要吃饭的话是 6 钱。

中山靖王刘胜的金缕玉衣巧夺天工

　　1968 年，一批解放军士兵在河北满城的陵山施工中突然发现了一个古墓，并当即报告了当地的文管部门，在考古工作者的努力下，一个大型的西汉古墓葬出现在人们的眼前。原来墓葬的主人是西汉时景帝之子中山靖王刘胜的墓葬，在其墓葬的旁边，还发掘了刘胜的妻子的墓葬。刘胜墓葬的发掘终于揭开了一个千古的谜团，并使人们第一次亲眼目睹了历史典籍中一再提到的金缕玉衣的真面目。此后，在全国各地又相继出土了中山怀王刘修、南场侯刘迁、东昌侯刘祖等二十多套金缕玉衣。但在这些金缕玉衣中，中山靖王的金缕玉衣是最精美的一件，现藏于河北省博物馆。它长 172 厘米，由 2498 片玉组成，所用金丝约 1700 克。玉衣分头部、上衣、裤子、手套和足共五部分，每部分又由若干部件组成。根据制成的玉衣推测，玉衣的制作工艺是相当复杂的，首先要根据死者的长短大小来切割玉料，然后，依据不同部分打磨成各种各样规格的薄片，并在每片玉上加以编号，在四角钻孔。最后，用金丝线缝缀成型。有些钻孔仅一毫米，工艺的繁杂和精密程度真是令人叹为观止。然而，对于人们将制作如此精美的金缕玉衣作为殓葬品的真正原因是什么呢？多年以来，人们多加揣测，莫衷一是。归纳起来，有如下几种说法。

　　其一，它是两汉之前的史前玉器由祭祀用品发展到殓葬用品的自然结果。事实上，在史前的新石器时代，就有了将玉器作为殓葬品的风俗。例如，在新石器时代的良渚文化出土的墓葬中，发现了大量的玉器，如璧、琮、璜、璋等。到了西周，已经在殓葬中出现了缀玉覆面，在陕西洋西西周中期的墓葬中发现了迄今最早的缀玉覆面的残件，计有眉、眼、耳、鼻、嘴五种，造型规整，表面刻有文饰，其上都有用于穿线缝缀的小孔。在彼国墓地、晋侯墓地，发现了多套缀玉覆面。到了西汉初年的墓葬中，也曾经发现了玉衣，即只用玉片缝制的上衣。

　　其二，反映了当时独尊儒术的社会风气，是地位和身份的象征。孔子将玉比作君子，上古的风俗只有君子才佩戴玉器。后来人们就将配玉象征地位、身份和品德。而在西汉武帝时，"罢黜百家，独尊儒术"，金

← 满城的陵山

缕玉衣也主要是出土于西汉中期即汉武帝以后。这难道仅仅是一种巧合么？看来殓葬中的金缕玉衣是显示死者地位尊贵且生前的美德符合儒家君子的形象。

其三，玉器殓葬可使尸身长期不朽，起到防腐的独特效果。据史书记载,这种迷信的说法在西汉时是非常流行的。如在《抱朴子》中曰："金玉在九窍，则死人为之不朽。"既然人们都认为玉器可使尸身长期不坏，那么，王侯贵族们便要想尽办法用玉来保护自己的尸身也就不足为怪了。

到现在为止，人们不仅发现了金缕玉衣，而且还发现了银缕玉衣、铜缕玉衣，以及丝缕玉衣。使用玉衣进行殓葬一般是在在汉代中期以后到东汉时期。而且，从皇帝到皇亲国戚，各地诸侯王、列侯所使用的玉衣都有等级贵贱之分，在《后汉书·礼仪志》中说："帝后使用金缕玉衣，诸侯王、列侯始封、贵人使用铜缕玉衣。"按金、银、铜、丝依次排列的墓主人的贵族等级也由高到低。绝不能逾制，否则会受到严惩。既然帝后才能使用金缕玉衣，那为什么刘胜墓用金缕玉衣呢？有人推测可能是因为皇帝特赦。事实上，在西汉中期后，现发现有很多诸侯都没有按规定使用。看来，在西汉中期时，因为金缕玉衣刚开始在殓葬中使用，所以，一方面，朝廷的殓服制度还不完善，皇亲国戚和豪强贵族也使用金缕。

更为有意思的是传说汉武帝的殓服也是金缕玉衣，但更为精致和豪华。在《西京杂记》中说："武帝匣上皆镂为蛟龙、鸾凤、龟鳞之象，世谓蛟龙玉匣。"但直到今天为止，位于西安附近的汉武帝茂陵还沉睡于地下。如果真像史书上记载，这些图案是在缀起来的片片玉块上独立雕刻，还是采用了其他的方式，那只有等到开启茂陵之后。可能才会真相大白。

首次发现辽代行宫"春捺钵"遗址群

　　吉林省考古工作者在进行第三次全国文物普查时，在吉林省西部发现了4处辽代行宫"春捺钵"的遗址群。这在中国是首次，填补了全国文物部门多年来没有辽代"捺钵"详细地址的空白。

　　辽（公元907年—1125年）是中国古代历史上五代十国两宋时期以契丹族为主体所建立、统治中国北部的封建王朝，为中国北部的社会发展和民族统一做出了重大贡献。辽代虽有首都"上京临潢府"（位于今天的内蒙古自治区巴林左旗林东镇），但它的政治中心不在首都，而在"捺钵"。

　　据东北师范大学历史文化学院的傅佳欣教授介绍，"捺钵"是契丹语，意思相当于汉语的"行在所"、"行宫"，就是"皇帝行走中的宫殿"。契丹族作为一个游牧民族，转徙不定、车马为家的游牧生活决定了辽代皇帝的巡狩制，所以皇帝不常住在京城，而是随季节气候和水草的变化，按四时迁徙的。"捺钵"是辽代具有民族特色的政治制度，是处理政务的行政中心。

　　作为全国文物普查吉林省白城、松原地区专家组组长，傅佳欣介绍，此次新发现的4处辽代"春捺钵"遗址分别位于吉林省乾安县赞字乡洁字村科铁公路线北的"花敖泡"的南侧、让字镇藏字村北侧和正东位置，以及地字村（查干湖西南）的附近。

前不久，乾安县文物管理所在的遗址群发现了上千个土台基，最多的一处竟发现土台基 500 余个，延续范围达 4 千米之长。土台基有圆形、长方形，其中最大的圆形土台基的直径 30 米、高约 1.5 米。这些台基是由人工堆成的台基，有一定的几何形状，绝不是因自然环境而形成的台基。这些台基很多是处于当年湖泊水位线的附近，这正符合辽代契丹人近水渔猎的习俗。

乾安县文物管理所还在遗址群附近采集到大量的古钱币和陶、瓷片等物品，均为辽代、北宋年间。科学家们发现了有辽代非常典型的灰陶的轮齿纹陶片，有辽代瓷器的瓷片，甚至还有一些北宋的铜钱。

根据史书记载，辽代的"四时捺钵"（即"春水""夏凉""秋山""坐冬"）中的"春捺钵"，位于现在的吉林省境内，其他三时"捺钵"均分布在现今内蒙古自治区东部地区。根据这些依据，考古学家可以初步认定在乾安县发现的这些遗址是辽代皇帝"春捺钵"的遗址群。

傅佳欣教授说，辽代的"捺钵"与国家政事紧密相连，辽代一切国家政事基本都是在"捺钵"中进行的，根据史料记载，辽代皇帝前后共来过吉林"春捺钵"29 次。辽代皇帝每次在正月上旬从首都"上京"出发，一路东行，最后来到了查干湖西南处（现位于吉林省乾安县境内）设"春捺钵"，前后历时六十余天。

而每次的"捺钵"都"兴师动众"。傅佳欣说："遗址群共发现了多处土台基，都是当时行宫扎帐用的。以每个台基设一处营帐，每个营帐住 8 个人来计算，这与史料所记载的'捺钵'时百官、嫔妃及 4000 名御林军与皇帝同行的情况相呼应。"另外他还推测，台基的大小、高低还与当时的等级制度、官员职务有关，皇帝、大臣所用的台基大小都有所不同的，士兵可能根本没有资格在台基上扎营。

他还介绍说，"春捺钵"的活动基本以捕鱼猎雁为主，并借渔猎之机，大宴群臣、使节，约见各族首领、接纳贡品并商议国事。在"春捺钵"时还会举办"头鱼宴""头雁宴"等活动。所谓的"头鱼"就是破江捕鱼抓到春天的第一条鱼，"头雁"则是在等待大雁北归的时候，把第一只雁打下来。这是契丹族一种古老的仪式，也是辽代皇帝为了笼络周边部族的重要方式。

根据史料记载，在"春捺钵"时，方圆千里的女真首领都要前来朝贺。傅佳欣介绍，"春捺钵"在渔猎宴饮的同时，也兼顾着统一国家、安顿后方的重大政治使命。

而辽代其他三时的"捺钵"主要活动为："夏捺钵"，每年4月中旬至7月中上旬进行，以避暑和议政为主；"秋捺钵"，在7月中上旬至10月进行，以射鹿、召见各部落首领为主；"冬捺钵"，在10月至次年正月上旬进行，以避寒、议政为主。

辽代的"捺钵"制度，对后世有着深远的影响，金代、元代都有这一制度。甚至一直到清朝，还有"春水""秋山"的仪式，实际上都是"捺钵"制度的延续。

傅佳欣教授提出，辽代"春捺钵"的遗址群是中国对辽代"捺钵"遗址的首次发现。它将会有助于厘清中国地理考证中的有关辽代"捺钵"地点的各种猜测，这有助于验证史书中对辽代"捺钵"制度的相关记载，研究这种独特的政治制度，此外还有助于对辽代另外的夏、秋、冬"捺钵"遗址的认定。

Part 2

探秘古生物

5.6亿年前"虫草"身世之谜破解

现在的生物弱肉强食，但是在5.6亿年前，有这么一群生物，它们之间相处非常"融洽"，没有捕杀，没有争斗，这种生物就是"埃迪卡拉生物"。它们个头很大，形态也很多样，却没有现代生物所有的嘴、骨骼。一直以来，在古生物界，对它们的定义一直没有统一，有人说它们是动物，也有人说它们是植物，还有人说它们是菌类。那么，这神秘"虫草"身世到底如何？2006年，科学家在贵州江口县发现了埃迪卡拉生物的完整个体——"八臂仙母虫"。经过研究得出它与海洋中的珊瑚、水母和海葵等动物是同一类的。由此科学家们肯定，过去身份不明的"埃迪卡拉生物"有一部分是动物，并且与接下来的寒武纪动物也有着一定的联系。中科院南京

↑ "八臂仙母虫"化石

地质与古生物所专家朱茂炎介绍说，这一成果已经引起了国际的高度关注。

在古生物界，"埃迪卡拉生物"的名气非常大。它是生活于5.7亿～5.4亿年前的一种特殊的生物。"之所以特殊，是由于其'身份'一直得不到确认。"朱茂炎介绍说，"1947年，科学家在澳大利亚的埃迪卡拉山发现了这群神秘生物的'足迹'，埃迪卡拉生物因此得名。目前全世界共有四个地方是'埃迪卡拉生物'的'聚集区'，它们分别是澳大利亚、纳米比亚、纽芬兰和俄罗斯。但可惜的是，找到的化石全部都是'印痕化石'，所谓的印痕化石，就是只能看见大致的样子，但内部的结构不能看清。这样的'尸骨无存'，自然没有人能解开'埃迪卡拉生物'的谜团。"

那么，"八臂仙母虫"是怎么生存的呢？科学家解释说，它的八个"手臂"并不像章鱼的触角那样显露在外面，"八臂仙母虫"是靠内部的"手臂"蠕动的，至于吃饭，那就更"文静"了，是靠"手臂"的表皮细胞来吸附海洋里大量的微生物和微生物所产生的物质。

"由此可见，'八臂仙母虫'的生活是非常安宁的。"科学家解释说。它们都是用自养的方式来生活着，没有捕食，大家各自都和平相处，因此"埃迪卡拉生物"所生存的时代也被描述成一个没有相互捕杀的"埃迪卡拉花园"。也有科学家认为，正是"埃迪卡拉生物"这种与世无争的个性，导致它无法适应环境的演变，最终在寒武纪大爆发之前的灭绝。

科学家发现 3.75 亿年前会走路的鱼

　　3.75 亿年前有一种会走路的鱼生活在加拿大北极地区。最近，科学家揭示出这种鱼的头部结构，认为这一发现可能改写整个生物进化史。

　　2004 年，科学家们在加拿大北极地区发现了这种鱼的化石，并把它命名为"提克塔利克"，在因纽特语中指"一种大型浅水鱼"的意思。这是一种大型水生动物，居住在亚热带河流冲积扇的泥滩里。鱼身长达2.7 米，长着锋利牙齿，靠捕食水里的鱼或陆地上的昆虫为生。

　　当发现化石时，鱼头盖骨下部嵌在石头里。科学家们把头盖骨置于显微镜下，用针把石头晶粒剔除。经过漫长而艰辛的努力后，他们终于观察到了头盖骨的内部结构，并首次揭示了"提克塔利克"的头部特征。

　　科学家称"提克塔利克"是"会走路的鱼"，并认为它是第一个在陆地定居的脊椎动物，这是原始鱼类进化成两栖动物演化过程中的重要物种。陆地环境为"提克塔利克"提供了新的食物来源和呼吸条件，它的身体也发生了一系列的变化，以适应环境的变化。正如与它同时代的某些鱼类一样，它既有肺也有腮。因此，它可以跃出水面，在陆地上作短暂的停留。

　　引用科学家说："正是这特殊的头部结构使脊椎动物得以在陆地上生活。"

↑ "提克塔利克"化石

"提克塔利克"鱼头部构造非常特别，与普通的原始鱼类完全不同。它头顶扁平，形同鳄鱼。芝加哥大学研究员尼尔·舒宾说，扁平的头部便于捕食其他动物。

负责对它进行研究的科学家们发表文章说："这种鱼的头部结构证明，从水栖动物到陆栖动物的进化非常复杂，并不仅仅是鱼鳍变成脚的过程。"

科学家在文章中还描述了"提克塔利克"头部的主要构造、头盖骨和舌骨下颌弓的退化过程。鱼类的舌骨下颌弓是用来连接头盖骨、口腔顶部和腮部的桥梁并协调它在水中呼吸和进食动作的。而陆生动物的舌骨下颌弓最终退化成位于中耳的细小镫骨。

科学家们把"提克塔利克"看成一切陆栖动物的祖先，包括爬行动物、两栖动物、哺乳动物甚至人类。

"提克塔利克"具有与它同时期的原始鱼类的大多数共有的特征。同时，它还具有最早出现的主要生活在陆地上的四足两栖动物的许多特征。在进化过程中，它的鳍逐渐进化出腕部、肘部，最终变成可以在陆地上行走的腿脚。

费城自然科学馆的科学家贾森·唐斯提出，"提克塔利克"并不算真正意义上的陆栖动物，绝大多数的时候它还是待在水里。但他同时也指出，这一发现表明，它身上呈现的诸多变化，包括那些我们曾以为是陆栖动物的特性，其实是它为了适应浅水环境的生活所作的演化。

昭通褐煤中挖出大规模古象化石群

　　2009 年 10 月，云南省昭通市昭阳区太平办事处太平村水塘坝，当地一位农民正在一处地表以下不足 1 米的地方采挖褐煤时，一不小心却挖出了一处大规模古象化石群。

　　在发掘中，经过中美十多位专家在现场的初步鉴定，该化石群应为古代剑齿象的化石，其大致生活在距今 300 万～ 700 万年以前。由于发掘出

←　昭通古象化
石群发掘现场

的古象种类多达十余种，因此专家学者们更是将昭通称之为"古象之邦"。

"在距今一万多年之前，剑齿象就已经灭绝了。"中国科学院昆明动物研究所的研究员蒋学龙表示，从目前我国发掘出的古象化石来看，在远古时期，中国的象科动物分布比较广泛，在黄河流域和长江流域等广大地区都有分布，然而目前，我国的野生大象却仅仅在云南的西双版纳、普洱、沧源等地有所分布。它们分布区域的收缩很可能受到人类的生活区域扩张的影响，但是气候的变迁才应该是最主要的原因。蒋学龙说，如果一个地区的气候发生了一些不可逆转的变化，这些大象为了生存和繁衍，就不得不迁往他地。

这并不是水塘坝第一次发掘出古象化石。由于这里有着非常丰富的褐煤层，所以自20世纪50年代以来，人们在挖掘褐煤时就已经陆陆续续发现过一些古象和其他哺乳动物的化石，但是这些一开始并没有引起人们太多的注意。

20世纪70年代，昭通市昭阳区工会在水塘坝办起了一个砖瓦厂。由于水塘坝拥有丰富的褐煤资源，砖瓦厂就地取材，在当地挖煤烧砖。挖煤时，不时有村民挖到一些古代化石，但是当时还没有人知道，他们挖到的就是古象化石。大家普遍认为，他们挖到的是龙骨，由于中国自古以来就流传着龙骨可以治病的说法。于是他们就把这些化石捡回家当药材使用。有时，就干脆当成废弃物扔掉了。

毛国栋是他们中间最有远见的，他就把化石都收集起来。在十多年的时间里，他不仅收集了大量的古象化石，还收集了众多的鸟类化石、鹿角化石等。当年，他挖到了一个大型头盖骨化石，起初他一直认为这是一个蟒蛇头盖骨化石，但是在2007年请专家进行鉴定后，他才知道原来这是昭通剑齿象的化石，是目前世界上罕见的化石瑰宝。

著名自然科学家、美国宾夕法尼亚大学教授江妮娜表示，在昭通发现的古象化石群，证明在数百万年前，昭通是远古时代旧的动物灭绝、新的动物崛起的重要活动地带，这对于研究世界上某些动物消失的原因，具有很大的科学价值。

"在遥远的古代，这里气候温暖，空气湿润，森林茂密。在这昭通坝子上，生活着成群的大象、鹿、老鼠以及各种鸟类等生物，它们每天会在湖边喝水。没有人类的侵袭，各种古生物以生态链的方式完美轮回。有着充足的食物和温和的气候条件，各个等级的生物都大量出现……"另一位美国考古专家捧着出土的化石绘声绘色地描绘着远古时期众多动物在昭通生活的场景。但是这些动物为什么后来都灭绝了呢？这里究竟发生了哪些变化？目前还是一个研究中的难题。

另外，尤为值得注意的是，考古人员在古象化石群中还发现了一颗灵长类动物的牙齿，这是考古工作者在亚洲发现的最早的灵长类动物牙齿化石。云南省考古研究所研究员吉学平认为，这项发现对研究灵长类动物的进化及人类起源可能会提供一些重要帮助。距今约 300 至 700 万年是人类起源的关键时期。目前非洲已经发现了大量这一时期的南方古猿，为人类的进化提供了一些重要依据，但是长期以来亚洲地区还一直缺少这一时期的实物佐证。近年来，昭通褐煤层被看做是亚洲发现早期人类起源"缺环"的关键地区之一，在古象群的考古发掘过程中若能发现距今 300 万年至 700 万年间的古猿化石，将会对研究人类的起源和进化产生重要意义。

百万年前尾部带刺的神秘雕齿兽

日前，最新一项考古研究显示，有一种叫雕齿兽的远古史前装甲哺乳动物可以像运动员挥动网球拍和棒球棍一样甩动它的带刺尾部。

而且这些体积庞大的哺乳动物在其尾部甚至还存在着"击打重心"，它们会用最大、最锋利的刺状结构来击打物体。研究小组成员指出，这种体型界乎于犰狳与大众甲壳虫汽车之间的远古哺乳动物与恐龙具有类似的尾部特征。雕齿兽和恐龙的尾部都有"击打重心"，从技术上看它们都有着非常精确的击打中心。

乌拉圭蒙维的亚科学院物理协会研究员欧内斯特·布兰克是此项研究的负责人，他说："雕齿兽尾部在击打重心时可以释放出强大的冲击力，就类似于棒球棍、网球拍、剑、斧或者任何手持工具，但是其反作用力却是接近于零。"

据悉，雕齿兽曾生活在南美洲和北美洲地区，首次出现在250万年前，于8000年前灭绝，主要是人类过度捕杀造成的。布兰克与同事华盛顿·琼斯、安德烈·林德克奈彻特对阿根廷的自然科学博物馆等三个博物馆的大型雕齿兽尾部残骸进行了细致的分析，他们发现多种雕齿兽物种，尾部都长有片状骨质鳞甲结构，使得它们的尾部就像棒球棍一样。

← 雕齿兽的想象复原图

　　研究人员测量和计算发现每只雕齿兽的尾部击打重心的位置和之前科学家所预测的都一致——都在尾部中心最大的刺状结构。就像活犀牛的角一样，一旦雕齿兽死后就非常难保存其最大的刺状结构。

　　布兰克说："在尾部打击过程中，击打重心能够造成更大的打击力度。"他强调，很可能雕齿兽进化形成这种防御手段能够对付当时的恐鸟等掠食性动物。据悉，那些恐鸟站立起来接近 10 英尺高，体重为 650磅，布兰克称，恐鸟有很强大的攻击力，被它的腿部打到的话必能让受害者骨折。

　　很有可能雕齿兽还进化出了身体盔甲，因此更不用说用来抵挡恐鸟致命踢打攻击的带刺尾部。除了恐鸟之外，大型鳄鱼和外形非常像熊，长着长而锋利牙齿的袋熊也会掠杀雕齿兽。除了防御掠食者之外，布兰克和他的同事们认为雕齿兽会利用它们的尾部去争夺领土、食物、配偶等。

BBC《与恐龙同行》等相关节目展示雕齿兽的斗争方式比较奇特，背对着反方向站立。目前布兰克认为这种动物也许是头对头面对着，它们试图抑制对方前肢的攻击力量。就像肢体摔跤选手一样，雕齿兽尾部摆动幅度是后肢的 180 度范围，其尾部打击的范围与对手肢体肩部或者身体中部位置相接近。

英国皇家兽医学院专家约翰·哈钦森擅长恐龙和其他远古动物的生物学研究，他在美国探索频道上指出有关雕齿兽的研究非常令人感兴趣，这是一种非常聪明的动物。哈钦森称，尾部刺状结构的位置和棒球棍状尾部的骨质鳞片是怎么排列的，这和机械力学具有密切联系。他做出结论，这是物种进化的结果，通过这项研究我们能够更好地分析远古物种的身体结构学特征。

研究发现远古传说食人鸟确实存在

　　一项最新研究显示，远古毛利人民间传说的食人巨鸟是真实存在的。基于大约 100 年前科学家挖掘出来的骨骼化石，声称古代哈斯特鹰是存在着的，然而这种巨型鸟的生活习性却仍不清楚。这种巨型鹰的体重可长至 40 磅，科学家推测它们可能是食腐性动物，而不是神话故事中的

←　巨型食
人鸟复原图

掠食性动物。但一项最新研究却揭示出哈斯特鹰是一种可怕的掠食性动物，它们会俯冲猛扑向不会飞行的鸟类，甚至还会捕捉在高山地区生活的儿童们。

新西兰坎特伯雷博物馆的研究员保罗·施克菲尔德与新南威尔士大学的肯·阿什威尔，使用计算机 CT 和 CAT 扫描重建出了远古鹰的大脑、眼睛、耳部和脊髓的体积大小。

这些考古数据对于研究现代掠食性和食腐性鸟类非常宝贵，这样就可以确定这种已灭绝的鹰类的生活习性。施克菲尔德教授称，这项发现非常像毛利人的神话故事。

科学家们认为哈斯特鹰之所以开始灭绝是由于其栖息地被毁灭，它们的主要猎物则在早期波利尼西亚人栖息环境中被捕杀灭绝了。

新西兰古生物学家特雷弗·沃西说："他们在这项最新研究中摆出了令人信服的证据，这种远古巨型鸟的身体可以快速膨胀，它们还可以在新西兰捕捉体型更大的猎物，但是它们的大脑发育生长却远远滞后于身体增长。"在 750 年前人类开拓殖民地进入新西兰时，这种体型较大的食人鸟被人们称为哈斯特鹰，指能够从空中俯冲袭击的鸟。

恐龙是冷血动物还是温血动物

　　美国华盛顿大学的某科学家小组在对恐龙化石和计算机模型的运算结果进行分析后宣称，人们熟悉的恐龙很可能也是温血动物。

　　多年以来，古生物学家们一直在恐龙究竟是冷血动物还是温血动物的问题上存在争议。但是由于缺乏足够充分的证据，科学家们在这个问题上始终无法达成共识。

　　为了揭示出恐龙的体温之谜，华盛顿大学的科学家决定巧妙利用现代动物在体温方面的规律。参与研究的科学家戈尔曼·彭泽教授还为此专门开发出了一套用于测算恐龙在行进时能量消耗与髋关节长度比例的公式。通过对之前挖掘出的恐龙骨骼化石的分析，科学家们得出这样的结论：要释放出足够的能量以维持正常的行进，恐龙就必须始终保持恒定的体温。

　　为了证明自己的研究结论是正确的，科学家们还采用了另外一种评估方式。他们计算了恐龙腿部肌肉的重量。据介绍，在恐龙运动过程中，肌肉发挥的作用越多，那么所需消耗的能量也越高。为了能够确定恐龙身体上肌肉的数量，研究人员对 13 种不同类型的恐龙模型进行了分析。他们努力复原出了恐龙肌肉的详细结构并计算出这部分肌肉在恐龙行进时的消耗情况。计算的结果显示，如果恐龙要想维持正常的行进过程，其体温就必须保持恒定。

不过，这项研究成果暂时还未获得来自独立研究人员的评估。另外，还不清楚可借助什么方法来验证这一结论。

之前曾有科学家认为研究恐龙在某种程度上也能算作是温血动物。但这些科学家认为，恐龙使体温保持恒定的方式与哺乳动物存在着显著差异：前者的体内不存在"生物温度调节器"，因此从严格意义上说，它们还不能被称做温血动物。生物学家们在当时成功证明了恐龙体型与它们体温之间存在直接联系。他们认为，由于大型动物的体型与体重的比值较小，因此它们更容易保持自己的体温。据悉，专家们这次选定的研究对象是一些重量范围在 10 千克至 60 吨之间的恐龙。结果，大型恐龙的体温最高可以达到 48 摄氏度，小型恐龙的体温却与周围环境的温度相差无几。

最后根据古生物学家们的研究，得出结论，恐龙的体温同样也会随着年龄的增加而发生变化。他们还认为，正是因为体温平衡问题制约了恐龙拥有更庞大的体型——如果体温达到 50 摄氏度，恐龙体内的一些重要蛋白质的活性就会受到损害。

← 恐龙

澳洲发现古老恐龙洞穴

　　据英国《新科学家杂志》登文，白垩纪时期的极地冬季并不像现在的冬季这样寒冷，但是也是非常漫长非常黑暗的。这种气候环境令研究恐龙的古生物学家们迷惑不解——极地的小恐龙究竟是如何在这种缺少食物的恶劣环境下幸存下来的？一项在澳大利亚东南部发现的化石地洞就揭示了其中的谜团，很可能是因为这些恐龙为了躲避冬季的寒冷，而打地洞进行御寒。在澳大利亚维多利亚发现的这个"恐龙洞"中有一种叫做棱齿龙的食草性恐龙的活动迹象，该恐龙生活在1.1亿年前，当时这块地区位于北极圈内，还覆盖着大面积的森林，其温度比现在同纬度的地区高6～7摄氏度。但是在冬季会有太阳位于地平线以下数周或数月，新鲜的植物仍十分匮乏。

　　之前科学家认为食草性恐龙是为了避开在黑暗的冬季进行长途迁徙，这项研究却证实有另一种叫做埃德蒙顿龙的恐龙也擅长冬季打地洞御寒，这种恐龙化石还发现于美国阿拉斯加州北部至蒙大拿州地区。

　　然而，2008年加拿大埃德蒙顿市艾伯特大学的埃里克·斯奈维利教授称，化石证据表明不同种类的恐龙可能生活在不同的时期。他说："我并没有发现恐龙进行迁徙的化石证据。从地形学的角度来看，在澳大利亚和新西兰进行从北至南的迁徙都是非常困难的。"

挖洞可以让小型恐龙在冬季寻找避难所，它们可以在地洞中休息并维持体能，但是相关的证据却十分缺乏。直到 2007 年蒙大拿州立大学的大卫·瓦瑞奇奥指出，在蒙大拿州发现化石的地洞中可以容纳 1～2 只幼年棱齿龙，这与澳大利亚发现的地洞非常接近。

美国埃默里大学的托尼·马汀教授称，与瓦瑞奇奥在蒙大拿州发现的地洞化石为澳大利亚寻找地洞中恐龙存在的踪迹提供了很大帮助，他在露出地面的岩层上还发现一个异常之处——一个螺旋形的地洞，这与蒙大拿州发现的恐龙地洞十分接近。而未来的调查将揭示出这一地区共有 3 处化石地洞，这与蒙大拿州的发现都比较类似。

虽然他们还未在地洞中挖掘出任何恐龙化石,但这具有代表性的 2.1 米长螺旋式地洞显示着是由体重为 10～20 千克的恐龙打钻而成的。马汀称，该地洞是在大量春季冰雪融化形成洪水的山谷土壤慢慢沉积形成的，这种山谷沉积地区与现在的美国阿拉斯加州北部斜坡十分类似。恐龙可以在秋季和冬季在地洞中生活，但是它们必须在第二年的春季洪水来临之前离开。

澳大利亚墨尔本维多利亚博物馆古生物学家汤姆·里奇与马汀一起研究这种恐龙地洞，他希望马汀能够立刻返回澳大利亚，在维多利亚海岸找出更多的地洞化石，最好是能够在地洞中挖掘出恐龙的骨骼化石，从而使这一理论被确凿无疑地证实。

探索蛇颈龙神奇家族

　　新公布的"终极食肉动物——掠食者 X"吸引了古生物爱好者们的强烈兴趣，而去年在挪威还发现了"海怪"的化石，这也是一种巨大异常凶猛的食肉海生爬行类动物。科学家们认为，"海怪"和"掠食者 X"很可能属于同一种生物——上龙。虽然上龙有着比霸王龙大两倍的巨大

← 蛇颈龙

头颅，但它的名字却带着一丝阴柔之气——蛇颈龙。下面，我们就与中国科学院古脊椎动物与古人类研究所的李淳博士一起，探索一下蛇颈龙这个神奇的家族。

李淳长期在中国西南进行古生物的发掘工作，曾发现了世界上最大最完整的蛇颈龙的祖先纯信龙类的化石，可以说对蛇颈龙有相当深入的研究。李淳说，蛇颈龙分成短颈和长颈两大类。我们以前看到的图画中大多是着重表现长颈的蛇颈龙。并且随着BBC纪录片巨作《与恐龙同行》和其衍生作品《与海怪同行》把"滑齿龙"捧成了短颈蛇颈龙中的"大红人"。如今，"掠食者X"的发现再次让短颈类蛇颈龙成为古生物爱好者们眼中的大明星。

短颈类蛇颈龙也称作"上龙"。上龙长着锋利的牙齿，科学家们大都认为它的性情非常凶猛，可能会像大白鲨那样从下面袭击其他动物。BBC的纪录片描述说"滑齿龙"能长到25米,当时这还只是个推测。如今，"掠食者X"的发现已经证实了这个上龙类确实能长到这么大，但"掠食者X"究竟是否属与滑齿龙，到现在还没有定论。

说起来，上龙的脖子并不算短，李淳说，虽然说是"短颈类"，但上龙的脖子还是很长的，起码比鳄鱼的长。不过，与它们的近亲长颈蛇颈龙比起来这就只能算是小巫见大巫了。美国国家地理频道的《海怪》中的主角长喙龙就是一种模样介于海豚和企鹅之间的可爱动物，脖子比企鹅长，比鱼鹰短，看上去非常正常健美，游泳的时候也毫无妨碍，甚至还可以把头抬到水面上。而《与海怪同行》中出现的薄片龙的脖子就长得变态了，甚至可以达到身长的一半，超过7米。但脖子很长的长颈龙却不可能像纪录片中表现的那样把脖子在空气中自由挥舞，因为它没有那么强的肌肉。

李淳说，现在普遍认为蛇颈龙最近的祖先是纯信龙。纯信龙的四肢已经初具桨状的外形了，但还未进化成桨状肢。桨状肢就是指像海龟那样的四肢，看不出明显的指骨。这是高度适应水生环境的表征。比较原始的水生爬行动物大多生着带蹼的四肢，和蝾螈类似。纯信龙就处于两者之间。

往前还有肿肋龙和幻龙。肿肋龙有着长长的脖子、长尾巴和带蹼的四肢。这类爬行动物中还有一个明星成员，贵州龙。这种龙只比巴掌大一点点。如果说贵州龙能存活到现在，那看起来就会像一只脖子极长的水生蜥蜴，定能成为极受欢迎的宠物。而幻龙则比肿肋龙更接近于蛇颈龙，体型也更大一些，能够长到三四米长。

蛇颈龙是高度特化的种群，它们拥有完美的桨状肢，尾巴则比较短，而且个子相当大。最小的也有一两米长，大的则有像"掠食者X"那样长达二十几米的怪兽。像贵州龙那样的"小可爱"已经再也见不到了。李淳说，肿肋龙、幻龙、纯信龙曾经一直共存到三叠纪晚期，而蛇颈龙则和大多数恐龙一起生活到白垩纪晚期，就一起灭绝了。

另外，海洋中还生活着一种巨大的爬行动物——沧龙。沧龙是蛇与蜥蜴的近亲，国家地理频道所制作的立体电影《海怪》中的终极怪物"海王龙"就是属于这一类，它的体长也达到 15 米，也是凶猛的掠食者。李淳说，这种怪物和蛇颈龙没有什么关系。它就是海里的大蜥蜴罢了，像鳄鱼那样摆动着身体游泳。

Part3

考古之谜

世界七大神秘水下古城

在世界的某些神秘海底或湖底隐藏着远古人类的城市，这些远古建筑遗址悄悄地蕴藏着大量的人类历史信息。很多水下古城埋没于水下是因为数千年前地震、海啸或者其他的自然灾难所形成的。许多水下古城仅是近年来才被发现的，考察这些远古遗址都是通过先进的科学技术手段实现的。这些神秘的水下古城至今仍保留着许多秘密，它们的发现让科学家都产生了浓厚兴趣，对人类的历史文明也有了许多置疑和思考。以下是美国新闻媒体列举的全球七大神秘水下古城：

1. 埃及亚历山大水下古城

在远离埃及北部港口城市亚历山大的海岸，有一座神秘的亚历山大古城位于海底中，它被认为是埃及艳后克利奥帕特拉的皇家住宅的废墟遗址，很可能是由于1500年前一场巨大的地震使得这座水下古城沉没于海水之中的。遗址中除了史前雕像、古器物还有一些埃及艳后时期的宫殿。

2. 印度坎贝湾"黄金城"

前几年，科学家在印度海域发现了9500年前的一处远古水下废墟。

这座水下神秘古城保存着完整的建筑结构以及很多人体残骸。而更有意义的是，这项研究发现把印度坎贝湾地区所有考古发现的历史整整提前了 5000 年，使历史学家们能够更好地理解该地区的历史文化。据称，这座水下古城被定名为"德瓦尔卡"，抑或叫做"黄金城"，它曾被人们认为是印度克利须那神的水下城堡。

3. 泰国科万帕瑶湖底寺庙

泰国科万帕瑶湖本身并没有什么独特之处，但是在湖底却有一座500 年前的泰国寺庙。大约在 70 年前，这座湖底泰国寺庙才开始真正地引起研究人员的关注，近期有关部门正在商讨怎么对这处水下古代寺庙进行修复，但这估计需要花费数十亿美元的费用。现在，这座古代泰国寺庙沉没于湖底，成为了鱼类的栖息地点，因此有许多研究人员提议不要破坏这些鱼类的栖息环境。

4. 日本与那国岛水下金字塔

在 20 多年前，一位潜水旅游导游竟意外地在日本与那国岛海底发现了一处古代废墟，之后的科学家认为很有可能在远离日本海岸线有一座神秘的金字塔，这一建筑在底部有雕刻的迹象，但是由于其底基结构所采用的工具并没有被认为是属于日本远古文明的一部分，所以目前对于这个神秘水下金字塔仍充满着许多谜团。

5. 古巴哈瓦那巨石废墟

一支科学家研究小组在巴西尤卡坦海峡对于海底神秘的废墟进行勘测，他们发现了城市环境废墟的迹象，而这些水下废墟沿着海底一直延伸到数英里外。许多人认为这处曾经可能适合人类居住的废墟历史可能要早于远古的美洲文明。到迄今为止，只有计算机模型才可以监控神秘水下巨石废墟的存在。

6. 欧洲北海水下景观

近年来，在欧洲北海海底发现了大量的自然奇观，研究人员发现这些景观可能已经存在了至少 1 万多年。这些海底的自然景观曾流淌着海洋、河流和湖泊，而现在它却安静地躺在这海底世界，只能够通过水下勘测数字绘图才会被发现。科学家认为这片位于北海海底保存完好的水下景观曾是遍布欧洲的远古文明废墟的中心地点。

7. 南极洲可能存在"亚特兰蒂斯"

人们传说中神秘的亚特兰蒂斯岛是否可能就位于南极洲呢？在 100 多年前，土耳其伊斯坦布尔的一位博物馆馆长获得一项令人惊异的发现，通过研究一张瞪羚皮上的远古地图，他发现了一个神秘标识地点正指向现今的南极洲。这张地图是许多科学家试图证实南极洲存在"亚特兰蒂斯"的一项依据之一，许多人都认为南极洲就是传说中遗失的亚特兰蒂斯大陆。此外，科学家近期还通过声呐技术发现了南极洲海底的陆地环境，与远古制图师所绘制的地图系统十分相似，而且这些远古制图师也暗示过亚特兰蒂斯的位置是远离地中海的。

复活节岛石像"红帽子"之谜

　　英国考古学家小组揭开了复活节岛神秘石像独特的红色石帽的形成之谜。

　　来自伦敦大学学院的苏·汉密尔顿博士和曼彻斯特大学的科林·理查兹博士认为这些红色的石帽是在一个隐蔽的采石场建造完成的，然后从一个远古火山斜坡滚动运送到这里。他们是第一批在复活节岛上挖掘采石场的考古学家。

　　同时，他们还在这个火山坑中发现了一把在宗教仪式中使用的斧子，他们认为这是一个古代祭祀供品。复活节岛距离智利大约有 2500 英里，是世界上最偏远的有人类居住的岛屿之一。理查兹说："目前我们知道了这些红色石帽是通过压缩红矿渣灰尘铺垫的道路来滚动运输的。很有可能它们是用手工进行移动的，同时还采用了圆木。"

　　汉密尔顿说："石帽采石

↑　复活节岛石像"红帽子"

场位于远古火山坑的边缘，这片区域三分之一的火山坑都用于采集红色石帽。一直到目前为止，我们在仪式场地和运送地点已经发现了 70 多个红色石帽，其中大多数已被损坏，或者已被固定在祭祀地点。"

据悉，在火山坑所发现的这把扁斧是用黑曜石制成的，这把 7 英寸长的斧子很可能是用来开采圆木或挖空木料的工具，也很有可能是用于建造独木舟的，这就表明它不是采石场的工具，而是当时的建造工人在采石场遗留下来的。

考古学家小组又对红色石帽进行了深入研究，他们发现这些重达 7 吨的石材都是由红色矿渣构成的，是一种像浮石一样的火山岩石，它们大约在 500 ～ 750 年前由波利尼西亚人运送到这里的。这些红色石帽都被放置在称为"moai"的石人像头顶上，那些巨大的石人像耸立在祭祀地点环绕在复活节岛的周围。目前这些石人像是怎么雕刻的以及如何被运送到复活节岛上的仍是一个谜团。

由于扁斧和布满红色石帽的道路都位于相同的一侧，考古学家认为这条道路是一条祭祀的通道，一直通往采石场。理查兹说："很显然这个采石场具有某种宗教意义，波利尼西亚人认为这些石像被赋予了鲜活的生命，然后把这些巨石雕刻成人的模样。"

汉密尔顿说："采石场是一个很隐蔽的地点，在复活节岛的其他区域是看不到的，并且在采石场里形成的噪音也不会扩散到采石场的外面。"500 多年前生活在复活节岛的人们应该是一个秩序井然的社会群体，他们在岛上共同经营着自己的生活。岛上 70% 的区域被开发成为开放式的花园和农场，并且居民们还懂得使用复杂的石质植物护根系统来保护地面上的湿气。

加拿大发现存在地下 75 万年冰块

　　科学家们在加拿大境内的一处土层覆盖的悬崖里发现了一个近乎黑色的平滑东西，这看上去似乎是一个已经失落了很久的高科技文明社会打造的物体，而事实上，它们只是巨大的冰块，是在北美洲发现的最古老的冰，已经在地下保存了 75 万年了。

　　古老地球的气温曾比现在温暖过好几个周期，但这块冰块每一次都安然度过了温暖期。加拿大艾伯特大学的杜尼·弗罗斯及其同事表示，他们的发现让我们能够预测到在厚厚的北极冻原及其已冻结的甲烷气体的命运。他们认为当春天来临的时候，融化的冰水会流入岩石的裂缝，然后在气温下降时又冻结起来，从而形成了这种冰楔。而期间的热膨胀又加大了这些裂缝，从而让这块冰楔能得以生长，直到长到现在的约 3 米宽和 6 米深的个头。

　　此研究小组在几年前于加拿大育空地区的克里克遗址处发现了此最古老的冰，位于阿拉斯加边界的东边。这里曾经进行过开采活动，导致了这些冰暴露在外。他们又通过测定一层远古火山灰的年代然后得知这块冰的年代，因为此火山灰在其上面沉积了大约有几十厘米厚。而科学家发现火山灰大约有 74 万年的历史，从而这些冰块成为了北美洲最古老的冰。弗罗斯说:"区域内许多残余的冰至少都有 10 万年的历史了,其中大多数冰至少有 2.5 万年的历史。"

显然,这些冰楔已经历了 12 万年前和 40 万年前共两个冰河时期。弗罗斯利用电脑模型模拟了这些冰是如何面对气候变暖的过程,他发现在这两个冰河时期的间隔期内,当时的温度要比现今的平均气温高 2 ~ 3 摄氏度。然而这里地下的冻原一年四季仍旧保持冰冻状态,从而能够防止植物腐烂,避免释放其所含的碳到大气当中,减少了温室气体的排放。

冰楔上面是几米厚的土壤,之后本身又深入土层 6 米。但令人担忧的是,当今全球变暖日趋严重,科学家担心北半球的冻原可能会因气温上升而解冻。弗罗斯的这一发现并不意味着北极的冻原,包括西伯利亚的广阔冻原,就可以在本世纪末所预测的气温升高情况下将能得以幸存下来。

← 冰块

深奥玄妙的古代陵墓机关暗器

机关术是中国古代科技文明的代表，无论是在生活、生产还是军事乃至一切的需要之处，我们都可以看到它的身影。运用机械力量，巧妙地控制事物，达到神奇的效果，这是古人对世界的贡献。而这一贡献，源自于他们对自然深刻的思考和观察。因此机关术才会如此深奥玄妙。

法自术起，机由心生。在各种机械装置里，机关堪称是最重要的部分，它微小而隐秘，却"牵一发而动全身"，控制着整体的运动趋势，这些都是人类智慧和创造力的至高体现。今天，当我们再用理性的眼光来打量古人生活中充满奇思妙想的机关之术时，不仅可以探寻机关本身的秘密，还会发现出机关背后古人的心思。

厚葬习俗在中国已由来已久，历代王侯将相将不惜耗费财力、人力，营建陵寝地宫。为了防止自己的墓葬受到盗墓贼的侵扰，古人们在墓穴中设置了各式各样的防卫机关，来试图阻止盗墓者的进入。当掘墓人悄然闯进地宫时，他们并不知道自己将要面对的是价值连城的宝藏，还是防不胜防的陷阱。

中国历史上最早使用的二十几种简单机械中，大部分都用于军事，其中最典型的是体现在城池防御。这种防御精神始终贯穿于中国几千年的历史。

弩最早出现于春秋时期，能控制射击的弩机已经是比较灵巧的机械装置了。弩同弓的发射原理是一样的，但是比弓箭射得远，杀伤力也更强，而且也克服了拉弓时体力受限制而不能持久的弱点。

弓弩的实战见于《史记·秦始皇本纪》：徐福带数千名童男童女去东海求"不老药"时，因为在蓬莱遇到了大鲛鲁鱼，就请嬴政派神箭手与他同去，嬴政"乃令入海者赍捕巨鱼具，而自以连弩候大鱼出射之"。弓弩的杀伤力很强大，自然嬴政在建造自己的陵墓时不会不使用这种装置，来射杀企图进入墓道的人。

秦始皇陵内安装的弓弩究竟是怎样的一种情形，现在仍尚无确切的定论。但就秦俑坑出土的弓弩来看，其弓干和弩臂都比较长，而材质可能是南山之"柘"（山桑），当时是性能良好的劲弩。据学者们估计，这种弓弩的射程大于 800 米，张力也超过 700 斤。如此的劲弩，单靠人的臂力拉开恐怕是非常困难的，必须采用"蹶张"才能奏效。如果把装有箭矢的弩一个个连接起来的话，通过机发使之丛射或者连发，就能达到无人操作、自行警戒的作用。这种"机弩矢"实际上就是"暗弩"。因为秦始皇陵藏中有大量的奇珍异宝，为了防盗，就在墓门内、通道口等地方安置上这种触发性的武器，一旦有盗墓者进入墓穴的话，就会碰到连接弩弓扳机的绊索，进而会马上遭到猛烈的射击。这一做法，为以后的汉唐陵墓所继承，并发展到在棺椁内安装轮机，射杀盗墓者。而所谓轮机，就是在棺椁内壁安装的数个像现代滑轮一样的工具，滑轮一边置弓弩毒箭，绳索通过滑轮连接弓弩与棺椁盖板。一旦盗墓贼进入地下宫殿揭椁开棺，绳索将通过轮机引发弓弩数箭齐发，射杀染指棺椁者。

让世人无法解释的遗迹文明

1. 日本海底废墟

在日本冲绳以南 20 ～ 100 英尺深的海底竟然存在着一座像谜一般的远古建筑，很可能这些建筑就源于数百年前。科学家将它称为"失落的文明"，部分持怀疑态度的研究员却猜测这些大型的、有序排列的建筑很可能是自然形成的。弗兰克·约瑟夫在一篇名为《亚特兰蒂斯的浮现》文章中写道："在第二年的夏末，另一位潜水员在冲绳海域潜水时震惊地发现了海底竟有巨大的石质拱形门或通道，这些远古建筑石质的雕刻风格与美洲的印加文明古城遗址有相似之处。"这很可能是人为的远古建筑，其中一些建筑甚至还有铺平的道路和十字路口，大型祭坛，通向广阔广场的梯状台阶，以及类似路标塔的双塔特征拱顶建筑等。有考古学家称，如果它曾是一座城市，那么它将是非常庞大的。

2. 古巴沉没的城市

2001 年 5 月，一支由高级数码通讯机构带领的探测小组绘制出了古巴海域的海底地形图，然而声呐技术却揭示了一项令研究人员都极为惊诧的发现：在这片大约 2200 英尺范围的海底区域，有一些石质建筑以规律的几何形状堆积着，看上去很像一座城市的废墟。该探测小组成员保罗·温兹温格说："自然界不可能形成这么外形匀称的建筑物，很显然这并不是自然形成的，但是我们却还无法判断出它究竟是什么。"

莫非这是一座沉没于海底的远古城市？美国的国家地理频道对这处海底考古遗址产生了很大的兴趣，并参与了后续的相关探测研究。2003年，一艘微型潜艇对这片海底遗址进行了探测，高级数码通讯机构的波林娜·齐利特斯基称，这处海底的神秘遗址看上去就像一个较大的远古城市中心，然而在我们得到相关的证据前还不能轻易地做出判断。

3.发现美洲之谜

著名航海探险家克里斯多弗·哥伦布曾声称自己就是"发现"美洲大陆的第一人，但事实上他可能并不是第一位登陆美洲大陆的人。在哥伦布之前已经有许多人抵达过美洲大陆，甚至还在这里定居下来。在哥伦布之前就有美洲土著居民在此生活了数百年，此外，还有一些证据可

← 美洲一角

以显示其他文明也曾到达过美洲大陆，在美国和墨西哥境内就曾发现过古代希腊钱币和陶器；而在墨西哥境内发现了伊西斯和掌握阴府之神的雕像，在美国大峡谷里还发现了古埃及的文物，这种远古物品的历史均大大早于哥伦布登陆美洲的时间。另外，美洲大陆还发现了远古希伯来人和古代亚洲人所造的器皿。美洲本地的一些传说故事中也曾讲述了从遥远大陆来访者的离奇经历。这些故事也都暗示着这些很可能都是真实的事情。现在摆在考古学家眼前一个不争的事实就是目前我们对于古代航海旅行勘测文化仍了解其少。

4.利莫里亚文明之谜

传说中失落的利莫里亚文明几乎与亚特兰蒂斯齐名，根据太平洋岛屿的传说故事，利莫里亚文明是在太平洋上一座类似"伊甸园"的热带岛屿。当时岛上生活着许多美丽的动物，在数千年以前，它带着未解之谜沉入了印度洋海底。就像亚特兰蒂斯一样，多年以来科学家对于利莫里亚是否存在的争论一直从未停止过。

5.美国大峡谷中的埃及宝藏

1909年4月5日,美国的《亚利桑那州公报》上刊登出一篇名为"探险美国大峡谷：不同寻常的发现暗示古代大峡谷人来源于东方埃及"的文章，文章指出，这次探测在美国大峡谷里发现了大量的古埃及器皿。如果消息得到证实，那么关于美国大峡谷的历史将有待于进一步考证。这篇文章还声称发现了象形文字、工具和铜制武器，以及埃及女神的雕像和木乃伊尸体。虽然这项发现在当时引起了巨大轰动，但是关于这项发现的具体信息仍是一个谜团，人们认为这项研究需要证实可靠性真实性，因为在此之前人们从未发现这里蕴藏着古埃及的宝藏。此前的几支峡谷洞穴勘测小组也都是空手而归。

探险家大卫·哈彻·奇尔德雷斯说，这是否只是一场恶作剧？我们不能否认这很可能是媒体精心策划制造出的闹剧。该发现的支持者们声称，这处遗址已被列入受限制区域，所有的文物都进行了妥善保护。

6. 美洲幽灵洞木乃伊

1940年，考古学家夫妇乔治·惠勒和西德尼在美国内华达州法伦地区的东部13英里的"幽灵洞"中，发现了两具神秘的木乃伊，这两具木乃伊尸体都被席子包裹着，一具掩埋得深一些，另一具则掩埋得浅一些，尸体已出现部分干瘪（头部和右肩）。另外，在当地居民们的帮助下，他们在洞穴里共挖掘发现了67件远古器皿。这些器皿后被送到内华达州博物馆进行检测，发现它们距今已有1500～2000年的历史。54年之后，1994年美国加州大学的人类学家欧维·泰勒使用质谱的分析方法对其中的17件远古器皿以及木乃伊尸体进行了分析，结果显示这具木乃伊尸体的历史可追溯到9400年前，这早于之前发现的任何北美洲木乃伊。而进一步的研究显示出这两具木乃伊具有高加索人的明显特征，还与日本阿伊努人有相似之处。但目前科学家尚未掌握权威性的证据。

7. 亚特兰蒂斯

目前有许多关于亚特兰蒂斯具体方位的理论和说法，希腊哲学家柏拉图描述的亚特兰蒂斯是一个美丽且技术先进的岛屿，其历史可追溯到公元前370年。但是由于柏拉图对亚特兰蒂斯的具体位置描述得十分模糊。所以许多人认为亚特兰蒂斯并未真实存在过。但是相信它存在的人们则一直在努力地在全球范围内进行搜寻。埃德加·凯西的一则著名预言曾称，亚特兰蒂斯位于百慕大群岛（北大西洋西部群岛）附近，1969 年，部分几何形状的石质建筑发现于比米尼岛，一些人认为这就是验证了凯西的预言是真的证据。

还有许多关于亚特兰蒂斯位置的说法，如：亚特兰蒂斯位于墨西哥、英国海岸、南极洲，以及古巴海岸等。

8. 金字塔和"斯芬克斯"的年龄

许多埃及历史学家认为位于吉萨金字塔旁的"斯芬克斯"——狮身人面像距今已有 4500 年的历史了，但是一些研究人员仍认为这并不是其真实年龄。擅长天文学研究的土木工程师罗伯特·鲍维尔称，狮身人面像的年代在古埃及远古文献中一直都无从考究，无论是雕刻在墙壁上

← 狮身人面像

的古埃及文字，还是以其他形式记载的远古资料，都没有相关的记载。

狮身人面像究竟是什么时候建造的呢？约翰·安东尼奥·韦斯特认为，其底部出现侵蚀风化迹象，这只可能是由于底部长时期暴露在雨水气候中。在沙漠中部从何而来的长期雨水天气呢？在 10500 年前，现在的古埃及沙漠地区曾有许多的降水量，如果真是这样的话，那么狮身人面像的历史将被提前至 10500 年前，这早于古埃及文明的出现。这随即又引出了新的问题：在当时的条件下，是谁来建造这么的庞大建筑？又为什么要这样做呢？

埃及历史学家称，很可能这座狮身人面像的整体外形都是由自然风化侵蚀形成的，主要是风沙侵蚀的结果。当时的埃及人可能发现这块巨大的石头很像一只猫，于是在侵蚀风化的基础上继续雕刻成狮子的形状。

秦陵地下真有大量水银吗

秦兵马俑是中国古代文明的瑰宝，至今仍蕴藏着许多未解之谜。一些专家在长期的研究中，对秦俑的归属问题形成了独到的见解。他们大胆挑战学界一些似乎已成为"定论"的主流观点，试图证明兵马俑与秦始皇并没有直接联系。

1. 汞异常或因外部污染

当初在对整个封土堆的土壤汞量测定过程中，得出了封土汞含量异常的结论，进而认定封土汞异常的原因，是由于秦始皇陵地宫之中，有着象征着江河大海的水银。

有些人认为这是秦始皇陵"以水银为江河大海"的相关史料记载，取得了当代科技手段的肯定，认为这是地宫建设超越了时空界限的铁证，更有权威人士据此提出：由于有大量的水银保护，秦始皇虽然死了已2000多年，但他仍可能完好无损地安卧在他的地宫之中。当然，同样也有一些专家和学者，对"物探"成果的适应性、真实性，提出了合乎逻辑的质疑。如：在1986年的秦俑学术讨论会上，就有人就"汞异常"的说法提出：如果要使观点得以成立，首先就要排除以下几种外部汞污

↑　秦始皇陵兵马俑

染的可能性。

　　一是要排除周边的工厂所排出的含汞废水、废气，对秦始皇陵的封土将会产生的各种污染；二是，要排除在秦始皇陵附近的农作物，曾经使用过各种含汞的农药的可能性；三是，要排除长期以来，在骊山开山工程的爆破过程中，曾经使用过含汞的起爆剂。上述这些都是不容忽视的问题。

　　2. 水银产量难满足要求

　　还有人质疑说，如果秦始皇陵的地宫要集中埋藏大量水银，那么它无疑将是一个特大的污染源，历史上就应该有汞污染引起的病史资料才对；而且在紧邻秦始皇陵封土附近的几个村子的水井中，也应该能测得汞异常的技术数据。然而这方面的记载一直都是空白。

但是有学者对《史记》中"以水银为江河大海，相机灌输"的话深信不疑，于是就提出了"在秦始皇陵地宫深处，存在着13000多吨水银，几千年来它们始终在不断地流动着"的理论。可是，对这13000多吨水银的来源，是不能解释的。据史书记载，在四川以出产水银著称的涪陵汞矿，一直到明清两代，每年进贡朝廷的汞也只有300多斤而已。

想要在秦始皇陵地宫中灌进13000吨水银，如果按照明清时期朝贡数量估算的话，要生产9万多年才能满足这个要求。而另一方面，如果说在几十米深处的地宫有13000多吨水银，那么它在封土堆表面所形成"污染圈"的汞含量，就很可能已经达到了一个难以想象的特高数值。现在即使我们把地宫中的水银的量压低到200吨，那也得生产1300多年。

Part 4

人类进化考古

考古学家发现迄今最早的人类"阿迪"

　　据英国每日邮报报道，科学家发现了迄今最早的人类——"阿迪(Ardi)"，她生活在人类进化的新时代，当时黑猩猩和人类都开始沿着各自的进化方向直立行走。

　　据考古学家的还原，这个身材矮小、全身多毛、长着较长手臂的早期人类在 440 万年前漫步非洲森林中。这项重大发现的公布，揭示了人类进化历程中，早期人类离开树栖环境的一个至关重要时期。美国哈佛大学考古学和人种学皮博迪博物馆的古人类学馆长大卫·皮尔博姆博士说："这是人类进化史研究领域最重要的一项发现！这具最早期人类骨骼完整地保存着头部、手、脚和一些身体至关重要的部分。"阿迪骨骼高度为 4 英尺，估计其体重为 110 磅。

　　1974 年，考古学家发现了"露茜"，并认为她是已发现的最早期人类，然而目前"阿迪"将改写人类进化历史，她生存的时期要比露茜早近 1 百万年。考古学家认为露茜非常接近人类和黑猩猩共同祖先的"缺失环节"，人类和黑猩猩共同祖先被认为生存于 500 万~700 万年前。

　　美国加利福尼亚州立大学伯克利分校人类进化研究中心主管提姆·怀特博士说："她并不是人类与黑猩猩的共同祖先，她只是非常接近而已。"他于 10 月 2 日将这项研究报告发表在《科学》杂志上。据悉，阿迪的第一块骨骼以及被压碎的骨骼于 1992 年在埃塞俄比亚阿法尔裂谷地区挖掘发现。

但关于这具骨骼的研究过程却是非常艰辛，一支由 47 位科学家组成的国际研究小组花费了 17 年时间对骨骼化石进行了拼凑、分析和判证。研究小组成员拼凑了 125 块骨骼，其中包括：头骨碎片、手、脚、手臂、腿和骨盆，他们通过骨骼化石掩埋地点上方和下方的火山层成分测定了阿迪的真实年龄。

这项研究结果非常令人吃惊，之前科学家认为人类的共同祖先非常像黑猩猩，像阿迪这样的早期人类应仍保留着人类与黑猩猩的共同特征。但阿迪却并不像现代黑猩猩那样擅长在树枝之间攀爬和跳跃，或者像黑猩猩通过脚趾关节着地行走。

这表明黑猩猩和大猩猩在与人类进化产生重要分歧之后形成了各自的特征，说明早期人类进化是沿循着一个不同的进化方向。

阿迪的脚非常僵硬，完全使她有时能够直立行走，但她仍保留着攀爬树木的大脚趾。她有较长的手臂，但是手掌却很短，手指非常柔软，使她能够通过手掌支撑自己的体重。她的上颌齿要比现代人类更短更粗，比黑猩猩的更锋利。科学家对她的牙釉分析显示，阿迪平时主要吃水果、坚果和树叶。

由于她的头骨相对较小，具有较轻的结构，因此科学家认为她是一位女性。同时，她的牙齿也比之后挖掘发现同一种类其他骨骼化石更小一些。美国宾夕法尼亚州立大学艾伦·沃克告诉《科学》杂志记者称，这是一具非常古老奇特的早期人类骨骼化石。

由于这项发现，研究小组还发现了远古地猿物种 35 具骨骼化石。据称，在阿迪的碎裂骨骼化石旁还发现 29 种鸟类和 20 种小型哺乳动物，其中包括：猫头鹰、鹦鹉、蝙蝠和老鼠等。

早期人类牙齿比现代人坚硬吗

　　妈妈经常告诫我们说，不要用牙齿开启坚硬的东西。妈妈是对的。人类的头骨构造为小小的面孔和脆弱的牙齿，并且不适宜用力撕咬坚硬的物体。但是，科学家说，我们的早期祖先却并非如此。

　　《美国国家科学院院刊》（通常简称为 PNAS）在 2009 年 2 月发表的一项新的研究显示，我们 25 亿年前的祖先拥有用牙齿开启坚果的能力，这一本领可以使他们在环境改变时，寻找新的事物，改变饮食习惯，从而适应新环境。

　　美国亚利桑那州立大学助理教授马克·斯宾塞和美国人类进化和社会发展学生联合会的博士研究生凯特林·施莱是这一国际研究小组的成员。研究人员们设计了这一研究，并撰写了文章《非洲南方古猿的给食生物力学和饮食生态学》。进化科学家利用艺术计算机模型和模拟工业技术——工程师就是利用这一模型

← 早期人类牙齿化石

和技术模拟汽车追尾时的反应——建造了一个非洲南方古猿头颅的虚模型，并以此观察他们的嘴巴是如何运作以及可以产生多大的力。

斯宾塞说："我们对我们所拥有的最完整的南方古猿人的头颅进行了CT扫描。"他是美国学生联合会人类起源的研究员，并且是这一项目的主要审查者。这一项目由美国国家科学基金会和欧盟资助完成。所用的非洲南方古猿人可能是露西-STS5的后期祖先，露西-STS5被人们亲切的称为"普莱斯夫人"。这一头颅于1947年发现，鼻子一边隆起，没有牙齿。"我们将这些数据与另一早期人类的数据相整合，制作了一个骨和牙齿的虚模型。"

斯宾塞解释说："因为黑猩猩与南方古猿有着相似的特征，我们对黑猩猩进行了观察，并测量他们的肌肉如何工作，然后将这一原理加入到模型当中。通过与一种猴子（猕猴）的模型进行比较，我们使我们的模型开始运作。"

结果出来了——一个七彩的虚拟头颅，这个头颅向我们展示了在模拟咬东西时头盖所吸收的力量，以及它们独特的面部表情是如何完美搭配并支持咬开坚果这个重任的。

斯宾塞说："我们似乎看到了'普莱斯夫人'复活了。"

斯宾塞又说："这一模型深入了我们对人体的研究，并指出，早期人类独特的面部结构是由于独特的饮食习惯而形成。前磨牙变大，牙齿珐琅质厚重，以及珐琅质坚固地附着在磨牙上，这说明此时他们的食物要比之前假定的小型种子和坚果更大。"

他继续补充道："坚硬的干果和种子等一些应急食物在气候改变和实物缺乏的时期是非常重要的生存资源。我们的这一研究显示，现代人用工具解决的问题，我们早期人类祖先是用嘴巴来解决的。"

穴居时代人类的死因新发现

据英国电讯报网站报道，穴居时代人类的死因一直都是迷，最近科学研究发现，他们可能由于地球温度升高时无法适应过高的热量而死。

通过对穴居人类的 DNA 分析，科学家发现他们的身体里居然含有过高的热量。冰河时代的气候正好适合他们的生存，但是后来地球温度升高，穴居时代人类对此难以应付，因此这个种群在 24000 年以前灭绝了。

英国纽卡斯尔大学的科学家在检验了从穴居人类化石中提取的

← 冰河时代

DNA 后提出了这一理论。并且，通过与现代人类 DNA 的比较，科学家还发现他们用来产生能量的部分很异常。线粒体是所有生物体中的生物能量站，它可以产生生存必需的能量。纽卡斯尔大学的神经遗传学教授帕特里克·希纳利称，线粒体 DNA 的不同可能导致了穴居人类身体不能有效地产生能量，也就是说"他们的细胞把热量漏掉了"。他还说："但是现在问题是他们到底是怎么灭绝的，之前也有很多解释都将起因归结于气候变化以及食物短缺。"

线性 DNA 链与现代人类的不同可能可以给出一个合理的解释，告诉人们为什么现代人类可以在这样的气候下生存，穴居人类却不能。希纳利教授称，他们将其他科学家从穴居人类化石中获取的线性 DNA 与大量从世界各地人现代人身上获取的进行比较，以此来判断具体有何不同。

"我们已经发现在这些线性 DNA 中有一部分与现代人有很大不同，但是目前还没有一个十分确定的研究结果。"

希纳利教授的这项研究最近在美国人类遗传学会召开的会议上亮相，是关于远古人类死因探索的最新尝试。据推测，穴居时代人类很可能与现代人拥有同一祖先，均是有大约 40 万年以前的人类进化而来，还有研究推测他们的灭绝时间是一万年之前，当时现代人正开始在欧洲繁衍。关于穴居人类的死因还有很多争论，气候变化、食物不足等等，甚至还有一个现代人的出现也造成他们的死亡的说法。

科学家还尝试着对远古人类的整个基因组进行研究，以便找出他们与现代人基因差别的更多信息。最近就有一项德国科学家的研究发现在穴居人身上发现了人类独有的语言基因，由此又引起了另一番争论，就是穴居人类有没有语言能力。

最古老的"欧洲人"是食人族吗

考古学家曾表示,对西班牙发掘的"最早欧洲人"化石的研究证实,这些史前人类是食人一族,而且他们尤其喜欢吃儿童的肉。

据法国媒体的报道,这些被认为最早来到欧洲的"先驱人"的化石是在西班牙北部的阿塔普埃卡考古遗址圈的一个山洞里发现的,经过研究发现,这些化石可追溯到 80 万年前。

联合国教科文组织发起的"阿塔普埃卡研究项目"对这些化石进行了研究分析。该项目负责人之一卡斯特罗近日说:"我们已经了解到他们嗜食同类。"

卡斯特罗表示,当时发现这些遗骸时,它们呈断裂和碎片状散落在山洞里,而且与其他人类常猎食的动物遗骸混合在一起,比如马、鹿、犀牛等。"这使我们想到,他们食人是作为一种饮食方式,而不是一种仪式。"卡斯特罗说。

据介绍,这些"先驱人"可能是经过长时间的迁徙,经过中东、意大利北部和法国来到阿塔普埃卡的这个山洞并定居下来,因为这里非常适合人类居住:两条河流交汇,气候宜人,动植物资源丰富,他们很容易捕到猎物。"这意味着他们并不是因为食物缺乏而食人。他们杀死'敌人'并食用他们的肉。而且我们在山洞中发现了两层包含有食人族遗骸的化石层，这意味着食人不是一次性的行为，而是持续的。"卡斯特罗说。

卡斯特罗还表示："另一个有意义的发现是，在我们已经确认的11名'受害者'中大部分是儿童或者青少年，此外我们还发现包括一名女子在内的两个年轻成年人，这些表明他们杀死了其他族群的'根基'——年轻一代。"

"先驱人"在1994年首次被确认为人种的一支，除了打猎，他们还会制造工具。不过科学家认为他们并非现代人类的直系祖先。包括"先驱人"在内，目前发现的人种已经有十多种，其中大约20万至15万年前起源于非洲大陆的"智人"被认为是其唯一幸存的一个种。"智人"在大约6万年前从非洲大陆向其他大陆迁徙，并逐渐取代其他人种，演化为现代人类。

← 阿塔普埃卡考古遗址

海底洞穴发现美洲最古老人类骨骼

据美国国家地理杂志报道，考古学家在墨西哥海底的洞穴中发现美洲最古老的人体骨骼，根据放射性碳年代测定法，科学家推断这具女性尸骸距今已有13600多年历史。考古学家将这具女性尸骸称为 Eva de Naharon，如果年代判断是准确的，那么该具尸骸连同在尤卡坦半岛加勒比海岸的水下洞穴中发现的其他三具尸骸，将对古人类最初移民到美洲居住的时间判定提供新的线索。

过去四年里，墨西哥萨尔提略市沙漠博物馆馆长阿尔托罗·冈萨雷斯率领由数名科学家组成的挖掘小组，相继在墨西哥图伦镇附近挖掘出这些尸骸，而图伦镇距离坎库市西南方80英里。

有助于考证早期迁徙人类的来源

冈萨雷斯称："我们现在不清楚在洞穴中发现的这些古人类尸骸当初是怎么来到美洲的，以及他们是否来自大西洋沿岸附近、热带丛林中或是内陆地区。但是我们相信这些尸骸是迄今为止在美洲发现最为古老的人类尸骸，这将对第一批人类是如何到达美洲的理论学说产生影响。"冈萨雷斯强调指出，除对最早有人类来到美洲定居的时间进行重新确定以外，这些发现也可能帮助科学家重新探寻确定第一批来到美洲定居的人类迁徙来源。

通过尸骸的颅骨特征暗示他们不是亚洲北部血统，而这也将对占主导地位的新大陆移民理论产生质疑，该理论认为：最早一批在北美洲定居的古代人类是来自亚洲北部的古人类，他们经由现已下沉的白令大陆桥来到北美洲开始繁衍生息。冈萨雷斯解释："颅骨的形状使我们有理由相信 Eva de Naharon 和其他尸骸并非来自亚洲北部，而是更倾向于亚洲南部。"墨西哥国家人类学和历史学研究院人类体格学主任查看了这些尸骸后，认为他们可能是目前为止墨西哥最古老和最重要的古人类骨骼。称："从残留的尸骸判断，Eva de Naharon 具有古印第安人的特征，对她的生活年代判断似乎是合理正确的。"

惊现远古人类和巨型动物尸体残骸

在洞穴中挖掘出的尸骸，研究人员对其进行放射性碳年代测定，确定他们是生活于距今 11000 ~ 14000 年前。放射性碳年代测定法是依据有机物质内所含有的放射性同位素碳 14 的含量而算出他们的年代。据美国田纳西州大学考古学家大卫·安德森称，存在于海水中的有机物质有时会发生碳 14 的改变，导致年代测定出现错误的结果。

这些尸骸是在海底 15 米深的洞穴中发现的，但是考古学家认为 Eva de Naharon 生活的时期，这里低于海平面为 60 米，那时尤卡坦半岛还是干燥广阔的平原地带。但是 8000 ~ 9000 年前，极地冰川大量融化，导致海平面上升数百英尺，淹没了当年埋葬这些尸骸的墓地，在他们的周围形成了大量的钟乳石和石笋，阻止这些尸骸被海水冲走。冈萨雷斯在这些洞穴中还发现大象、巨树獭和其他古代动物遗迹。

重新审视人类迁移理论

如果冈萨雷斯的发现经得住科学的考证，那么将引发科学界探究第一批定居美洲古人的浓厚兴趣。许多的研究人员曾经认为首批进入美洲新大陆的人类从亚洲跨过白令大陆桥的时间不会早于13500年前，但是，今天随着这些尸骸的发现，这种理论已经站不住脚了。

例如：1997年，在智利蒙特沃德发现的尸骸表明人类最早开始在美洲定居的年代至少始于12500年前，迁移路线可能是途径冰雪覆盖的北极到达美洲的。Eva de Naharon 距今约为13600年，如果这个年代最终得到证实，那么势必将引发对定居美洲的最早人类重新进行深入的探究。

冈萨雷斯将展开对第四具古人类尸骸的挖掘工作，他称尸骸 Chan hol 的生存年代可能比 Eva de Naharon 还要久远。Chan hol 的尸骨保存更为完整，共保留下10颗牙齿，这将为研究人员鉴定 Chan hol 的生存年代和研究他的饮食习惯提供更好的标本信息。

位于西班牙塔拉戈纳省洛维拉·依维尔基里大学的研究者卡洛斯·洛伦佐称："当我们了解到更多墨西哥遗骸信息时，我们将能够更好地评价他们。但是无论如何，如果 Eva de Naharon 尸骸最终确定生存年代距今有13000多年历史，那么这将对了解首批定居美洲的人是极为重要的新发现。"

冈萨雷斯和他的研究挖掘小组希望在挖掘出第四具尸骸后，将他们的分析研究结果公布于众，他说："对于他们是如何来到美洲的研究尚处于研究阶段，但当我们拥有更多的证据时，我们完全可以揭示其中的答案。"

桂发现约 11 万年早期现代人下颌骨

　　不久前，中国科学院古脊椎动物与人类研究所同北京大学崇左生物多样性研究基地专家宣布，2008 年 5 月在广西崇左市江州区木榄山智人洞发现的早期现代人下颌骨距今约有 11 万年。

　　中国科学院院士吴新智说，此发现无疑率先为"多地区进化说"提供了更加有力的证据，对于解决关于现代人起源的"多地区进化说"和"非洲起源说"的学术之争具有十分重要的意义。

广西崇左江州区木榄山智人洞自 2007 年发现猩猩和亚洲象化石后进行了试掘，11 月中旬发现了 2 颗人牙和若干哺乳动物化石。2008 年 5 月，又发现一件智人的下颌骨的前部断块和大量与之共生

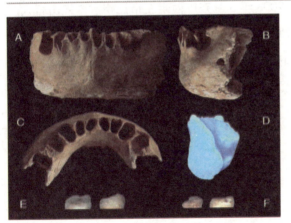

　↑　木榄山智人洞发现的 10 万年前人类化石

的动物化石。

科学家采用"230Th－234U 不平衡铀系法"对木榄山智人洞遗址出土人类化石的地层进行了年代测定。测试样品采自在人类化石层之上的钙板层和与人类化石层大致同一水平高度的钙板层，编号分别为 ML－6A 和 ML－6B。

两个样品在美国明尼苏达大学地质与地球物理系同位素实验室进行了铀钍的化学分离和质谱测定。经计算，两个样品的年代分别为 100 和 111kaBP，测定结果与生物地层学的研究较为一致。钙板层样品 ML－6B 与人类化石层相连，即同生层，因而古人类的年龄是 111kaBP，即距今 11.1 万年前。

目前，学术界十分关注大约 10 万～5 万年前的人类化石记录，这一时代的人类化石是解决古人类学中关于现代人起源的"非洲起源说"和"多地区进化说"这个学术问题之争的关键。因此，世界各国包括中国的学者都在试图寻找该时段的古人类化石。

当日，中国科学院古脊椎动物与人类研究所同北京大学崇左生物多样性研究基地专家宣布，2008 年 5 月在广西崇左市江州区木榄山智人洞发现的早期现代人下颌骨距今约有 11 万年。据专家分析，此发现为"多地区进化说"提供了更加有力的证据，对于解决关于现代人起源的"多地区进化说"和"非洲起源说"的学术之争具有十分重要的意义。

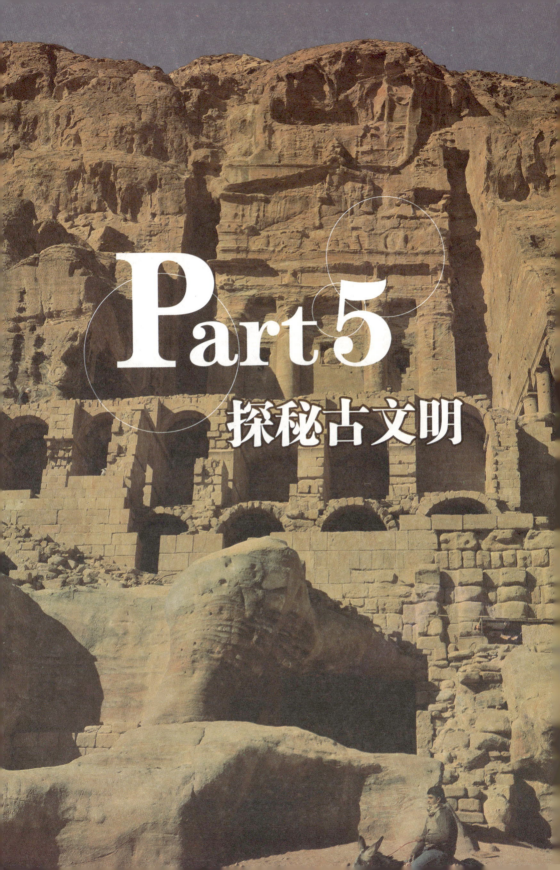

Part5
探秘古文明

英国发现全英迄今最大黄金文物群

　　英国考古学家日前宣布，在英格兰斯塔福德郡的一家私人农场中发现了迄今为止全英国最大的盎格鲁·撒克逊的黄金制品文物群。

　　这批黄金文物历史可追溯到公元 7 世纪，大部分由大约 5 千克黄金和 2.5 千克白银制品组成。它们包括逾 1500 件物品，无论是重量、数量还是所用材料范围，都远远超出了英国之前所出土的文物规模。文物专家委员会需耗时 1 年多的时间对这批文物进行鉴赏和估价，其价值可谓是"无法估计"。

　　这 1500 件物品当中，有许多都是战时的随身用具，比如镶嵌宝石的剑头、剑柄板与防护帽等。专家们表示，这些黄金制品数量庞大，工艺精湛，巧夺天工，完全代表了盎格鲁·撒克逊时期工匠的最高制作水平。如部分饰品中镶嵌的石榴石，是由工匠精心切割、打磨成型后，再镶嵌到黄金制品中，起到了锦上添花的奢华效果，令人惊艳。

　　这些制品应是当时的贵族或皇室等精英阶层的用品，也很可能是战利品。目前尚无法确定这批黄金制品的最初或最终的主人身份，或者是埋藏它们的具体时间和原因。目前也不能确定规模如此庞大的黄金制品到底是某位战将在某次战斗中得到的还是在长期戎马生涯中积攒起来的收藏品。

这批黄金由当地一名探金爱好者发现。这名探金爱好者从事探金活动已经 18 年了。近日，他正携带着已经使用了 14 年的金属探测器在自家附近的一家农场进行金属探测活动，竟然发现了这座巨大的宝藏。他表示，自己仿佛感受到了在冥冥之中"受人指引"一般的际遇，向宝藏所在地走去。他也为自己发现了如此巨大的一笔财富而感到非常"不可思议"。

被这批黄金"吓到"的除了发现者本人之外，还有一大批英国考古学、文物学界的专家们。他们纷纷表示，"没做好心理准备"，因为这一发现实在很"非凡"，以至于首次看到的人都会震惊、叹为观止，甚至还会完全说不出话来，比想象中还要更令人难以置信。一位专家称，这是自己所经历过的"最为重要的巨大的发现"，应该会在全英国排到首位。这批文物中的一些制品以及材料他们目前仍"无法识别，也没有见过"，甚至"闻所未闻"。他们还认为，就算是世界范围的考古专家也未必会熟悉这批文物。

专家预测，这一惊人的发现将可能改变人们对整个英国盎格鲁·撒克逊时期历史的原有认知。而且，这批文物的出土对英国来说有着非常重要的意义，甚至在国际上也有着"潜在的"重要意义。相关专家表示，在未来的 20 年中，英国的考古研究基础都将建立在这批文物之上。

考古发现石器时代制衣纤维

　　提到史前人类，人们脑海中往往便会浮现出一些围着兽皮的野人形象。但是，考古学家发现，生活在石器时代的人类其实已经有了爱美之心。他们不但已经会使用植物纤维纺线、制衣，还偏爱一些鲜艳颜色的衣服。

　　一期美国《科学》杂志刊登了考古学家的研究报告。报告说，人类在 3.2 万年前就会使用天然亚麻纤维来制作麻线了，进而再缝制衣物、编织各种手工制品等。

　　考古学家在格鲁吉亚境内的一个原始洞穴内发现了大量的纤维物质。放射性碳测定结果显示，纤维物质周围土壤已有 3 万至 3.4 万年历史，表明来自石器时代。

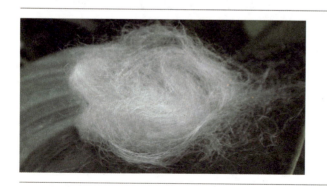

← 植物纤维

美国哈佛大学的教授奥弗·巴尔·约瑟说："天然亚麻原本就生长在洞穴周围，人类对它们进行加工和使用，这对史前人类来说是一项重大发明。他们可能会利用纤维制作绳索、篮子、衣服和各种生活工具。"

由于这些残留在土壤中的纤维物质十分微小，无法用肉眼观察。考古学家把它放在显微镜下观察到，一些纤维拧在一起，这说明它们可能是被用来制作线和绳索了；其中一些纤维打着结；还有一些染有颜色。

另外，考古学家还在洞内发现了植物根茎等天然染料。他们推测，史前人类正是利用这些天然染料把纤维染成绿松石色、灰色、黑色甚至粉色。

考古专家们进入原始洞穴开始研究它所属的历史时期、原始人类的生活习性、所使用的工具以及他们是否已佩戴有装饰品等。

科学家原本希望在土壤中能够找到远古时期的树木花粉，"但是在土壤样本中发现的纤维使我们又惊又喜。"巴尔·约瑟说。

考古学家还在纤维周围的土壤样本中发现了已绝种的鲣节虫、野牛毛发、蛾子和分解纺织品的真菌等。

美国伊利诺伊大学的考古学家奥尔加·泽费尔评论说，发现石器时期的植物纤维线实属罕见。此前，考古人员曾在法国拉斯科的洞穴内发现了距今 1.5 万至 1.7 万年的绳索碎片，另外在以色列的 Ohalo II 遗址发现了距今 1.9 万年的纤维线。

哈佛大学的教授艾琳·古德同意其他考古学家的观点，但她同时也指出，洞穴外的纤维物质也很有可能随风吹进洞内并被泥土掩埋起来，它们可能会在显微镜分析的过程中互相缠绕在一起。

她还补充道，一些纤维可能会在吸收土壤中的矿物染料后变色，而并非人工染色，但是"如果这些纤维真的是人工染色的话，那这将是人类史上第一次使用染色技术"。

考古学家现在正对纤维物质做进一步研究。

考古发现波斯人用化学武器攻城

　　在美国某考古研究所的会议上，莱斯特大学的考古学家西蒙·詹姆斯提出了倡议论点，在叙利亚的杜拉欧罗普斯城所发现的大约 20 名被包围的罗马战士，他们并不是死在刀剑或者长矛下的，而是死于窒息。

　　位于幼发拉底河畔的杜拉欧罗普斯城曾属于罗马帝国。在公元 256年，这座城市遭到了来自新萨珊波斯帝国的强大军团的包围。而这戏剧性的故事的发现完全是来自考古遗迹，并没有任何的文字描述，而在 20世纪 20、30 年代的发掘之后，近来的考古学家们又找到了非常可怕而壮观的发现。

　　萨珊波斯使用了全方位的古代围困技术，并企图通过用挖地道的方式来进入杜拉城。罗马的守卫者则将计就计，躲在地道中阻击袭击者。考古学家于 20 世纪 20 ～ 30 年代期在某个狭窄的地道中，发现了大约二十多具罗马士兵的尸体，他们死亡的时候手中仍握着武器。在开展新的现场考察基础上，詹姆斯现在又重新评估了这个在冷兵器时代最冷酷的"犯罪现场"，试图能够准确地解释出这些罗马人的真正死因。

　　詹姆斯是莱斯特大学考古与古代历史学博士，他认为，很明显的是，当这些反地道战罗马战士与入侵者相遇不久后，就已经丧失了战斗的能

↑ 1700 年前的毒气战证据的堡垒

力。通过分析后发现，波斯人还把他们的尸体堆积放在隧道入口，来阻止罗马反击者的火攻。但是，罗马战士是怎么死的呢？波斯人又是如何做到在一个宽和高都不到 2 米，只有 11 米长的地方杀死二十几个人的？这需要超人的打击力——或者说更阴险恐怖的东西。

罗马隧道中的发现表明，波斯人曾使用硫磺晶体和沥青混合燃烧，这种混合材料在燃烧的时候会发出使人窒息的气体。"波斯人当时在隧道里听到了罗马人的脚步声，"詹姆斯说，"并还设计了这一惊喜，我认为波斯人故意把火盆和风箱放进隧道里，当罗马人突破进来的时候，这些窒息性气体瞬间弥漫整个隧道，让罗马反击者在短短几秒内就失去知觉，几分钟后死亡。在围城战中使用这种烟雾装置，在古典文献上是有记载的，而这个考古证据明显支持了这个观点。"

而讽刺的是，波斯人的特效武器并没有让城墙倒下，这倒是历史学家们的幸运，专家并不清楚闯入城市的后果，詹姆斯最近还在古城中挖出了"机械枪地带"——整排的弩箭，正准备在城市内的罗马军营地的城墙上使用，作为驻军最后的巷战的战略措施。

古埃及先进绘画技术使用罕见颜料

内巴蒙是埃及卡纳克阿蒙神殿的书记，他并不富有，但显然他很想名垂青史，因为他大约于公元前 1350 年给自己墓穴所绘制的壁画如今已然成为了世界名画，他被人们称为"古老的米开朗基罗"。

考古学家发现，此墓穴及其连着的教堂壁是由底比斯市的尼罗河西河岸上的石灰岩切割而成的，石灰岩已经剥落，留下了粗糙的坑洼表面，因此在绘画前得先粉平，打上石膏。首层粉饰材料是厚厚的一层泥，是尼罗河淤泥中加入有机材料混合而成，其中的有机材料能够促进此混合材料粘合并防止开裂。负责此项研究的英国博物馆馆长理查德·帕金森说："尼罗河的淤泥中加入稻草、麦秆或芦苇等有机材料，表明这项工作是在夏天进行的。此粉饰一旦干燥之后，就可以刷上当地石膏烧制的石膏粉。"

内巴蒙的墓消失了很长的一段时间，但研究小组希望这些石灰岩碎片能够提供其位置的信息。然而，这些岩石令人非常沮丧。帕金森说："能够发现他的墓地的机会真的很小。"不过，专家发现这块壁画使用了一些十分特殊的罕见颜料。比如，内巴蒙用硫酸钙当乳白色颜料，用烟灰当黑颜料、黄色颜料，用赭石当红色颜料，把人造玻璃料磨成粉当蓝色和绿色颜料。然而，其真正特别之处不是颜料，而是其绘画的技术。从艺术上说，这些壁画超出了其他古埃及绘画是因为它们如此鲜亮并充满了生机。帕金森说，这都要归功于画家的创新技术。比如，画中的内巴蒙显得很突出，非常吸引观众的眼球。而分析后表明这是因为当画家在画其他人的皮肤时，他混合了红色和白色颜料，画成了平平的单层膜，但当他画内巴蒙时，他只用了一层白色，再用红色作点缀，酷似印象派画家。

作为最著名的古埃及绘画作品之一，这幅画描绘了年轻、苗条的内巴蒙和他的妻女在一条芦苇船上。此湿地充满了生机勃勃的动物，其中包括容易识别的鱼、鸟和虎斑猫。而且，此猫还有镀金的眼睛。

画家通过画内巴蒙的白色皮肤，再用红色来做点缀，使他变得更加明亮，从而使他从其他人物中突显出来。这幅画使用了不同大小的画笔，这些画笔都是由海枣树枝制成的。

站在内巴蒙芦苇船船首上的这只鹅是一只红色的埃及鹅。当为这只动物的羽毛和皮肤增加质感时，画家发挥了他的绘画技能，使其看起来更加的真实和栩栩如生。

蝴蝶在此画的每个空间里飞来飞去。帕金森说，埃及画中的大多数动物都有宗教意义，但蝴蝶却没有标志性的意义。相反，画家是想让画面看上去更加漂亮吸引人而画上去的。

在此画中，你能看到音乐家和跳舞的女孩，右边还供着精美的葡萄酒。此壁画碎片呈现灰色，是因为它涂有一层液体尼龙，在空中吸收了污染物。去除污染物之后，画面似乎显得更明亮了。画家将蜂蜡加在了女人们的衣服和头发上，使她们更有发光度。

德发现最古老猛犸牙女性艺术雕像

　　考古学家们现已发现的迄今世界上最古老的女性艺术雕像——猛犸牙上雕刻的一位裸体女性，雕像的历史可追溯到 3.5 万年前。

　　2008 年 9 月，考古学家在德国西南部霍赫勒－菲尔斯洞中挖掘出了历史上最古老的形象艺术雕刻，其中还包括对动物、真人和物体的形象雕刻，这项发现将会有助于科学家更好地理解人类艺术的起源和象征性思维的发展，其中还包括了结构复杂的语言。英国剑桥大学人类学家保

← 猛犸牙女
性艺术侧面和
正面雕像

罗·梅拉尔斯说："如果要通过这项考古研究得出一项结论的话，那就是人类对于性产生的困惑可追溯至 3.5 万年前。但如果说早期的人类没有对性产生憧憬和向往，他们就不会在最初的 200 万年里生存下来。"

据悉，早期人类对性的憧憬和执著并不仅仅只是女性的裸体，欧洲其他地区还挖掘出早期人类描述人类生殖器官的雕刻。

这个裸体女性雕刻是用猛犸象的牙雕刻而成，高度不足 6 厘米，雕像没有头像，其顶部有一个环，考古学家认为这个雕像可能是一个坠饰，用绳子穿起来挂在脖子上用的。

据悉，最古老的人类艺术品可追溯至 7.5 万年~9.5 万年前的非洲，但是那些早期的人类艺术品都非常抽象，只是雕刻在红铁氧化物上的几道几何图案而已。目前的这个裸体女性雕刻，被认为是迄今为止发现的最古老的关于女性的艺术雕刻品。同时，一起出土的还有一些描述半人、半动物的雕刻。

早期的人类思维从抽象艺术跳跃至代表性艺术具有非常深远的意义，可能会映射出当时人类大脑的认知能力。许多专家认为随着早期人类认知能力的提高，复杂的人类语言也逐渐孕育形成。梅拉尔斯说："语言是一种象征性的符号——字符象征着一些事物。而艺术则是象征性思维的实例说明。"

这个雕像不仅仅是一个象征艺术品，它还呈现出了早期人类对性的追求和崇尚。梅拉尔斯指出，这个雕像很清晰地显现出了一位体态丰满的女性，并且故意夸大了其女性特征——丰满的胸部、膨胀的腹部和大腿。这样的作品如果在 21 世纪绝对可以算得上是色情作品。

科学家猜测这个雕像可能表现的是女性生育能力，或者是表达对萨满教的信仰。

张川考古发掘揭开古戎人神秘面纱

　　由于史书记载的不祥和考古资料的缺失，长期以来，人们对于生活在中国西北的戎人及其历史文化，认识上一直都比较模糊，而目前正在进行中的甘肃张家川重大考古发掘，为历史学研究提供了丰富罕见的考古资料。

　　"今年所发现的车辆都很完整，出土的其他文物也非常重要和精美，对于戎人的历史文化，我们已经有了进一步的认识和了解。"负责张家川马家塬战国墓地现场发掘工作的甘省文物考古研究所的副研究员周广济说。

　　2006 年 7 月，张家川马家塬的战国墓地被盗，甘肃省考古研究所随后便开始了抢救性的发掘，陆续出土的以罕见的豪华车乘为主要内容的随葬器物，震惊了整个中国考古界。

　　"经过初步的分析和研究，这批墓葬的年代应为战国晚期，其族属当与秦人羁縻下的戎人有关，墓葬的规格和等级比较高，应该是戎人首领及贵族墓地。"甘肃省文物考古研究所副所长王辉介绍说，张家川马家塬战国墓地考古因其十分重要的历史价值、研究价值和学术价值，已经被评为 2006 年中国十大考古发现。

　　2008 年 10 月，经国家文物局的批准，马家塬二期考古发掘工作正式开始，截至目前，又出土了一批豪华车乘及金、银、铜、锡等材质不

↑　张川考古发掘的古戎人文物

同的重要文物。

　　"由于有了前期的发掘经验，从去年以来，特别是在今年所出土的车辆发掘中，我们基本都已经认识到了每个构件在车辆中的位置和作用。"周广济说。

　　由于在马家塬墓地所埋葬的车辆已经超过了 2000 年，所以无论是纯木车辆、髹漆车辆还是外有金银铜锡等豪华装饰的车辆，其原来的木构架都已朽成灰土，再加上历史上墓葬坍塌等造成的车辆叠压，考古工作本身就是一项巨大挑战。

　　戎是先秦时期对中国西北地区非华夏民族的泛称，先后有"犬戎""姜氏之戎""允姓之戎""申戎""陆浑之戎"和"义渠"等，他们在春秋时期非常活跃，与中原的周朝战事不断，后被融合到了秦、晋等国当中。

　　对于马家塬墓地考古发掘成果，严文明说："历史上对戎人的记载并不多，一般都认为戎人野蛮，文明程度也不高，现在看来，他们的文明程度其实并不低，从出土文物的工艺、技术等来看，有很多独到的地方，尤其是出土的车辆，每个都不一样。"

从已经进行的考古发掘来看，戎人的文明程度确实不低，并且他们还在不断吸收着周边的文明成果。

这里至少融合了四种文化，西方文化、中原文化、北方草原文化和戎文化都有保存，无论是对认识戎人历史文化本身，还是秦戎关系、东西方文化交流等，都是非常难得的珍贵实物资料。

另外，在战国墓地中，出土的大量的金属器及车辆构件，对于研究中国古代的车乘制度、冶金工艺等，也都提供了宝贵的实物资料，现已引起了不同专业研究者的广泛关注。

有关考古专家表示，相信随着考古发掘的持续和研究工作的深入，有关戎人的神秘面纱将会进一步揭开。

利玛窦绘世界地图标中国为中心

2010 年 1 月 13 日，意大利的耶稣会传教士利玛窦在 400 多年前绘制的一幅地图在美国国会图书馆展出，这幅珍贵地图把当时的中国标为世界的中心，而将美国佛罗里达州称为"花卉之乡"。

利玛窦是 16 世纪末第一位访问中国北京的西方人，也是天主教在中国传教的开拓者之一。除了传播天主教的教义外，他还将西方科学引入中国，且遵照中国当时的明朝万历皇帝的吩咐，在 1602 年绘制了一张大地图。中国由此第一次出现在了世界地图上，而且成为了世界的中心。

地图尺寸为 366 厘米 ×152 厘米，是用六卷米纸印刷而成的。这幅地图由描述世界不同地区的图形和注解组成。画中，非洲有世界上最高的山脉和最长的河流；而在北美洲他提及了野马、野牛，利玛窦把那里称为"Ka-na-ta"，还称佛罗里达为"花卉之乡"。利玛窦还提及了南美洲一些地名，包括今天的尤卡坦半岛（Yucatan）、危地马拉（Wa-ti-ma-la）以及智利（Chih-Li）。利玛窦还对美洲的发现作了一些描述，他写道："以前，没人知道北美洲、南美洲或者麦哲伦海峡这些地方。但是在 100 多年前，欧洲人坐船偶然间行驶到这些地方的海岸边，发现了它们。"

　　利玛窦的地图被赋予了"不可能的黑郁金香"的绰号，因为现在已经很难再找到这种地图了。美国国会图书馆展出的这张地图是詹姆斯·福特．贝尔信托会于去年10月以100万美元的价格买下的，这张地图因此也成了历史上第二昂贵的珍稀地图。

　　美国博物馆协会主席福特·W．贝尔说："我不会评论利玛窦的其他成就，但这张地图无疑是十分吸引人的。因为这张地图象征着东西方思想和商业的首次联系。"美国国会图书馆副馆长迪安娜·马库姆说，利玛窦的地图是地图史上最珍贵重要的地图之一。她说："对于我们来说，回头就会发现它是非常特别的。通过它可以看到当时的中国是什么样的，当时世界不同的地方彼此所知甚少。"美国国会图书馆将会制作这张地图的数码版地图，传到网络上，以供学者研究。

　　中国驻美国大使馆主管文化事务的第一秘书张提斌说，这幅地图代表着东西方首次重要意义上的联系，它是东西方商业交流的催化剂。在中国，几乎都没有利玛窦的地图。而目前世界上现存仅有的几张原始版本都分别被收藏在梵蒂冈图书馆，以及法国和日本收藏家手里。

← 利玛窦绘制的地图

华林发掘出古代造纸作坊遗址

造纸术是中国古代四大发明之一，对中国和世界文明的进步做出了巨大贡献。长久以来，我国考古只发现过古代的纸张，但尚未发掘过造纸的遗址。自 2005 年起，人们开始把关注的目光一次次地投向高安市周岭村，因为这里正在发掘跨宋元明三个时期的造纸作坊遗址。

从周岭村到水碓遗址，须沿着一条铺满青石的古驿道拾级而下。据华林管委会的工作人员介绍，华林是华林胡氏的发源和繁衍地，至今已经有1600多年历史了。在五代时，胡魁隐居华林、创建了家塾"华林学舍"，号"潜园"。北宋的胡仲雅创建了全国闻名的"华林书院"。

2005 年，人们在周岭村调查时发现了多处水碓遗址。水碓是一种从西汉末年就开始出现的利用水力舂米的石具。为了弄清水碓遗址的年代与用途，省文物考古研究所、高安市博物馆联合对水碓遗址展开了深入调查和发掘。

一个沉睡千年的秘密正在逐渐被揭开。在这条小溪的两边，现在已经发现了 16 处造竹纸用的生产型水碓。

第一个水碓遗址距离周岭村村口约 300 米。根据华林造纸作坊遗址的联合考古队队长肖发标介绍，该遗址是在杂草丛中发现的，当时还找到了放置水车的石砌石臼、水池、石板等，但没有发现碓杆、木制水车和用于引水的木制水槽等。据村民们介绍，直到 20 世纪 80 年代，周岭村的村民还在用这个装置水碓舂米、碎粮等。

随着驿道的延伸，目前在直径 500 米距离内，已发掘了 7 处，肖发标说。这些水碓有的在稻田里，有的在小溪里，有的在杂草树丛中。与第一个水碓不同的是，这些水碓呈一车带两碓的造型，水车池东南角有个排水口，南面是工作间，另外还有凹窝的长方形石板和石臼。"石板是用来敲打粉碎竹段的，石臼则是造纸竹料精加工的环节时要用到的工具，这充分证明了这些水碓是用来造竹纸的。"肖发标介绍道。同时，考古人员还在水碓旁发掘出了少量明代中晚期景德镇民间青花瓷和土龙泉青瓷的碎片，这说明其废弃时代可能是明代中晚期。

由于工程量浩大，考古人员现在只能对相对集中的 7 处水碓遗址进行发掘工作。

水碓只是用于捣碎竹子的，这是造纸的粗加工环节。考古人员据此大胆推测，在这些水碓附近，必然还有一个古造纸作坊遗址。

通过调查，考古人员最终选择了福纸庙作为挖掘工作的重点。樊昌生说，之所以选择福纸庙，主要是考虑到福纸庙上游 100 米处已经发掘出了一座完整的水碓，并且很明显是用于加工纸浆的，其附近应该是有造纸作坊的；其次根据当地村民反映，在周边的田地中耕作有时会碰到过石砌的墙基。

在福纸庙旁边的一块大梯田中，考古人员共布了 25 个探方，每个面积约 16 平方米，出土了宋、元、明年代的烧灰碱的灰坑、沤竹麻坑和蒸煮竹麻的大片晒料、火烧土块和拌灰的工作台，以及沤竹麻坑的尾沙坑等遗迹。另外，还有一些排水沟、挡土墙和柱础、柱洞等房屋遗迹，

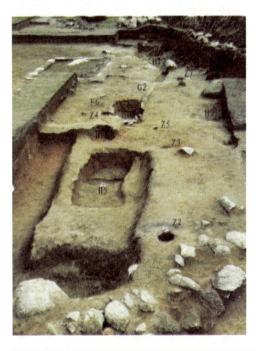

← 元代抄纸坊遗址

这些充分证明了这里就是造纸作坊遗址。

在一块红烧土地面前，高安市博物馆馆长刘金成介绍道，这是造纸过程中的关键一环——竹麻蒸煮区。福纸庙造纸作坊遗址上洗料、沤料、拌灰、烧灰、漂洗、蒸煮、曝晒等七道工序，如果再加上发掘区不远处的一处水碓，这些就组成了"造竹纸"从砍伐竹子到粉碎纸浆所需造纸原料加工的一整套工序，几乎已经可以再现明代宋应星《天工开物》中所记载的一整套造竹纸所需原料加工的工序，而且也可以反映出宋、元、明三个朝代在造纸工艺方面在不断地改进和作坊布局上更趋合理的过程。

作坊遗址上还出土了能够提供时代分期的器物，主要都是各类瓷器，比如有晚唐五代时期的青瓷，吉州窑与建窑的黑釉瓷和宋代景德镇窑的釉口青白瓷、土龙泉青瓷、元代的芒口青白瓷、明代景德镇窑的民间青花瓷和白瓷以及土龙泉青瓷等。在出土的器物中，还有大量用来研磨纸药的擂钵。遗址考古队检测采集的泥浆后得出结论：残留物为纸张残片，纸张残片由两种植物纤维原料配比组成，其中的主要原料品种是竹浆，而次要成分为麦草。

国家文物局专家组成员周岭村实地考察后说，过去我国考古只是发现过古代的纸张，还没有发掘出过造纸的遗址，现在在华林发掘出的古代造纸作坊遗址，在全国实属第一次，是我国考古学的新发现，这开创了科技考古的一个新领域。这对探讨我国造纸术的发展有着重要意义。

湖南株洲第一次发现古井和东汉竹简

　　在湖南株洲市醴陵发现了一处汉晋遗址，目前已发掘出了两口古井和两处灰坑（用于生活垃圾池）。考古人员还在遗址中发现了6枚东汉竹简和大量破损的青瓷、陶罐等物品。这是该市第一次发现古井和竹简。

　　该处遗址位于醴陵市解放路的邓公塘，本来是一个工地，遗址就是在施工的过程中被发现的。出土的两处古井相距大约 5 米远。其中，一

← 古井

号古井在施工中已经受到了严重破坏，而二号古井保存仍较为完好。为什么陶罐等物品会在井中出现呢？株洲市文物局的副局长陈晓华解释说，这可能是古代人们从井里提水时不小心掉在其中的。制作古井的青砖采用的均是子母口、榫铆的结构。砖体全部呈弧形,制作非常考究。"工艺之复杂精致，就算现在都难以复制。"

考古人员在遗址中发掘出了 6 枚竹简，上面书写着工整的隶书，字迹依稀可辨，上面记录的都是与阴阳五行有关的内容，一共有100 多个字，一般都为五言句、四言句。而最大的一枚竹简长约12厘米、宽约3.5厘米。考古人员据此初步判定，此为东汉时期的竹简。同时挖掘出的物品还包括汉晋时期的青瓷四系罐、高中低档陶罐、釉陶罐，以及古井青砖、竹简、砺石、釜、楔子、剪轮五铢钱、植物种子等。

株洲市文物局局长席道合介绍，以往国内所出土的汉代竹简大部分都是西汉时期的，而东汉时期的竹简很少见，因此这批竹简非常珍贵。东汉时期醴陵建县，但建县的具体位置一直尚未能明确。而根据此次发现的汉晋遗址判断，当时在邓公塘一带居住的人口应该比较多且集中，而且居住的都不是一般人家。因此，这里很有可能是东汉时期醴陵建县的所在地。

眉山水库岩壁露出上千唐代佛像

四川省眉山三苏乡一水库大坝在地震中受损导致水库严重渗水，随着水位的急剧下降，细心的村民发现了一件怪事，上千尊体态不一的佛像渐渐浮出水面，据一位村民称，在40年前他曾见过这些佛像。眉山市全国文物普查领导小组办公室副主任张志刚介绍，这些佛像为唐代石刻，此处名曰千佛岩。

"我们这里的水库边上有许多佛像。"8月初，眉山市东坡区三苏乡的一位陈姓村民称他住了将近20年的水库边，突然从水底冒出了许多佛像。

水底还会冒出佛像？在这位陈姓村民的指引下，专家们分别在陈沟水库的三处岩壁上看见了上千座佛像。这些佛像神态不一，表情丰富，保存也比较完好，甚至有些石刻旁边还有人名。从佛像上方的岩石色彩对比来看，佛像是一直在水中保存的。

"我们已经在这里住了二十来年了，从未听说过这里有什么佛像。直到去年地震后，大坝受了破坏，有些渗水，水库的水位急剧下降，7月的一天，我像平常一样外出干活，在路过这里的时候突然发现，岩壁上多出了许多佛像，当时着实把我给吓坏了。"陈姓村民这样描述。

随后，这位陈姓村民的话也得到了同村村民的证实，但大多数村民仍表示自己从未看见过这些佛像，而一位名叫陈红年的老人却声称自己在大约在40年前就看见过这些佛像。

陈红年老人说，他今年已经66岁了，大约在40年前，"这里不是个陈沟水库，而是一座庙宇，在庙宇边的山岩上，刻着很多佛像"，后来，这里就修建起了水库，他原本以为这些佛像已被毁坏了，没想到还一直藏在水底，"这些年来，水库一直没有干过，这些佛像也就一直没有出现过。"

东坡区三苏乡陈沟村的陈沟二组李华军今年43岁，这是他第二次看到这些隐藏在水库中的千佛岩。他说，1970年水库干旱时他曾看到过这些千佛岩，之后水库蓄上水后千佛岩就被藏了起来。5月，水库放水，千佛岩又再次展露在世人的面前，引来了村民们的好奇。李华军说："现在水库堤坝加固维修工作就快要完成了，这出景致又将要被淹没在水下。"

专家通过查阅资料发现，这些佛像自古就有。据资料记载：陈沟千佛岩距离县城40千米的三苏乡陈沟村七组境内，有摩崖造像三壁，最长的一壁有两丈左右，佛像约有1000尊，故名千佛岩。佛像最大的有一人多高，多数都为一尺左右的小佛像。1963年修成陈沟水库后，千佛岩以及千佛寺寺基全部都被淹没在水库中，枯水时划船至岩边隐约可见佛像。此处摩崖造像因地处偏僻，很少人为破坏，保存较为完好，1983年被公布为县级文物保护单位。

Part 6

探索历史名人

牙齿遗骸表明非洲人随哥伦布航行

　　科学家对 500 多年前的探险家克里斯多弗·哥伦布的随航船员在伊斯帕尼奥拉岛上的尸体残骸分析显示，牙齿的同位素证据表明哥伦布的随航人员中至少有一个是非洲人。

　　一支研究小组在伊斯帕尼奥拉岛上的考古遗址的浅层坟墓堆中找出了尸骸主人是非洲人的证据，据悉，伊斯帕尼奥拉是美洲第一个欧洲城镇。美国威斯康星州立大学的人类学教授道格拉斯·普赖斯是该研究小组负责人，他们从 500 多年前的坟墓中挖掘出了 3 具尸骸，然后对尸骸的牙釉进行了分析。该考古遗址是在 20 多年前开始进行挖掘的。

　　这三具尸骸的牙齿由威斯康星州立大学的研究小组进行了同位素分析，结果显示为他们是男性，死亡前年龄在 40 岁左右。但是他们的牙釉同位素特征却不同于哥伦布随航的其他人员，他们很可能来自非洲。普赖斯通过对其中一具尸骸牙齿分析后说："我敢打赌其中至少有一人是非洲人！"

　　历史记录哥伦布在航海探险之旅中有一位贴身的非洲奴仆，目前还不清楚普赖斯与研究同事正在分析的这具非洲人的尸骸是否就是那位非洲奴仆或者是另一位随航成员的。这项研究分析说明非洲人在有记录的第一次美洲探险中发挥着非常重要的作用。这项研究如果能得以证实，

那么这位新大陆时期的非洲人就属于哥伦布的同时代的人，这将非洲人作为奴隶首次抵达美洲的时间提前了数十年。

普赖斯和同事詹姆斯·伯顿与墨西哥尤卡坦自治大学的研究专家对伊斯帕尼奥拉的遗址研究持续了至少有 5 年之久。据悉，在 1493—1494 年间，哥伦布在伊斯帕尼奥拉岛便与几位随航成员离别，他前往美洲开始第二次的航海探险。

这项研究报告全依赖对三种元素的同位素分析：氧、碳和锶。碳同位素比能够显现出 3 具尸骸在童年时期牙齿的可靠证据，如：经常吃玉米的人与经常吃小麦和大米的人有显著的不同，在他们的牙釉会出现不同的碳同位素比。

伯顿说："重碳同位素便意味着死者生前常吃诸如玉米等热带农作物（这种植物在 500 多年前仅出现于新大陆），或者暗示死者生前主要是吃非洲的小米，这两种农作物均不出现于欧洲。"

同时，氧同位素可提供死者生前饮水的信息，从而揭示出饮水同位素的地理特征，显示其所在的纬度及其邻近的海洋。

　　锶是一种存在于基岩中的化学物质，通过食物链进入体内，它通过水和土壤，最终进入动物和植物体内。锶同位素可以从牙釉中分析鉴定出来，它是人体内最稳定的持久性物质，因此可作为某人在儿童时期发育的永久性的特征。

　　目前，这些尸骸还显示出死者生前患有坏血病，这是 15 世纪船员在长期航行中因缺少维生素 C 而普遍出现的症状，同时也是因为营养不良和物理性应力所导致的。航海编年史标注包括哥伦布在内的很多欧洲航海人员在登陆伊斯帕尼奥拉岛之后马上都患了疾病，许多人都相继死去，或许伯顿在伊斯帕尼奥拉挖掘出的这处坟墓就是第一批埋葬的哥伦布随航人员。

太平洋小岛发现航海尺规

考古学家在太平洋阿瓜斯布耶纳斯小岛考古发掘场发现了一对航海尺规等诸多物品，使他们获得了强有力的证据证明在著名的小说《鲁滨孙漂流记》中被认为是基于现实世界中的水手亚历山大·塞尔柯克真实经历作为原型而创造出的英雄人物鲁滨孙的真实存在。

《鲁滨孙漂流记》讲述的是一位英国人鲁滨孙出海冒险的故事。小说描述了青年鲁滨孙在去非洲贩卖黑奴途中突遇风暴只身漂流到一座无人荒岛。小说重点写他在岛上 28 年的生活。他艰苦奋斗，自力更生，与大自然、当地野人做斗争。他努力战胜悲观情绪，制器皿、建住所、耕土地、驯野兽，用各种方法寻找食物。终于战胜了自然，也改善了生活环境，成为该岛的统治者，最终他乘英国商船回国。这部小说发表于 1719 年，是英国文学中最古老最有名的冒险故事之一。虽然目前尚不清楚作者丹尼尔·笛福和水手塞尔柯克是不是在现实中会过面，但是，笛福肯定听到了塞尔柯克的冒险故事，并用它的故事作为这个小说的原型。

而在现实历史上，1704 年亚历山大·塞尔柯克曾经被困在太平洋一个热带小岛屿上，历时四年之多。考古学家们在阿瓜斯布耶纳斯岛考古发掘场上发现了大量的相关证据。他们证实了这个岛上的考古发掘场是早期欧洲居住者的营地。而最令人信服的证据是他们在这里发现了一对航海尺规。因为这种航海尺规只有船长或者领航员才能拥有，这个证据就表明了水手塞尔柯克曾经到达过那里。历史上，曾营救塞尔柯克的英国著名航海家船长伍兹·罗杰斯记载了他在1709年到达阿瓜斯布耶纳斯岛营救历山大·塞尔柯克时，曾看到的塞尔柯克带走的少量财产，其中就有一些是航海的物品和部分数学仪器。

此次发现还为考古学家还原塞尔柯克在岛上的真实生活情景提供了一定帮助。考古学家们认为，他在一处水溪的附近搭建了两个庇护所，而且能够看到临近船舶以便辨认船上的人是朋友还是敌人。他吃山羊肉，并把它们的皮做成衣服。他还通过阅读圣经和吟唱诗歌来消遣。

苏格兰国家博物馆的戴维·考德威尔对挖掘工作所取得的成就感到非常满意。他说："挖掘的证据证实了亚历山大·塞尔柯克确实曾经的确在岛上停留生活过，并且为我们提供了能够深入了解的机会。我们希望阿瓜斯布耶纳斯岛在认真的管理之下，能成为越来越多游客寻找鲁滨孙痕迹的圣地。"

亚历山大·塞尔柯克1676年出生于苏格兰法夫地区的一个叫做Lower Largo的海边小镇上，从幼年开始就不得不到海上谋生。而作为一名苏格兰水手，他有着丰富的导航经验故被任命为"五港同盟"号的领航员。1704年9月，因为塞尔柯克就船只的适航性的问题和船长发生了争执后，被抛弃在了阿瓜斯布耶纳斯岛上，这个小岛距智利西海岸超过400英里。他身上只带了几件衣服、一些工具、一本《圣经》和一些烟。他在四年的时间里，将小岛变成了一个世外桃源，与老鼠、山羊和其他动物相伴。终于，在1709年2月，塞尔柯克获救了。他的个人经历也成了世界著名的文学名著《鲁滨孙漂流记》的原型，成为一个举世闻名的传奇故事。

新发现遗骨暗示"埃及艳后"是混血

考古学家和法医专家相信他们已找到"埃及艳后"妹妹阿尔西诺的遗骨。

2000多年前,阿尔西诺公主被"埃及艳后"克莱奥帕特拉下令处死。而她的遗骨的确认有助分析克莱奥帕特拉的血统。

克莱奥帕特拉与阿尔西诺是同父异母的姐妹,她们同为托勒密12世的女儿。在传说中,为了防止阿尔西诺篡夺王位,克莱奥帕特拉要求她的情人马克·安东尼在公元前41年命人杀死自己的亲妹妹。

阿尔西诺的遗骨位于以弗所罗马古城的遗址(今天的土耳其境内)陵墓中。而阿尔西诺与克莱奥帕特拉及尤利乌斯·恺撒在权力争斗中失败,故被放逐到以弗所。

这个独特的八角形陵墓在1926年首次被考古学家们打开。他们发现陵墓内有一个精美的石棺,石棺里有一具遗骨。当时的考古学家取走了头骨去做检查和测量,但这块头骨在第二次世界大战中丢失。

20世纪90年代,奥地利考古学家希尔克·蒂尔再次进入陵墓,发现了无头的少女遗骨。陵墓独特的八角形形状暗示它的主人与亚历山大灯塔有联系,于是蒂尔猜测陵墓主人为克莱奥帕特拉的妹妹。

蒂尔的观点获得了一些历史学家认可。为了解开谜团,奥地利考古研究院请来了维也纳医药大学派来的专家检测这具无头遗骨。

考古学家法比安·肯兹开始这项研究时就已经对蒂尔的观点持怀疑态度，于是就采用排除法，开始努力寻找遗骨不是阿尔西诺的证据。

但是通过碳元素检测后，肯兹将遗骨主人生活时间定为公元前200年至公元前20年之间。肯兹同时还检测了以弗所古城遗址里的其他五百多具遗骨，发现蒂尔的理论是可信的。

阿尔西诺的出生日期不详。通过科学检测后，肯兹证实了遗骨主人是一位年龄介于15岁至18岁的少女。遗骨显示她生前没有患病或是营养不良的迹象，表示她属于突然死亡。

此外，遗骨显示主人有着北非血统，这最终证实了蒂尔的观点，确认这具遗骨属于阿尔西诺。

这一发现为研究克莱奥帕特拉的血统提供了有力的证据。

学术界对克莱奥帕特拉的身份一直存在着争议，认为她可能只是希腊人或马其顿人。但也有人认为，克莱奥帕特拉可能是北非人。

而阿尔西诺的遗骨表明，她既有欧洲白种人的特征，也有非洲黑人和古埃及人的特征，这暗示着克莱奥帕特拉也可能混合了不同种族的血统。

法医人类学家卡罗琳·威尔金森通过电脑技术复原出了阿尔西诺的头像。"她前额比较长，这一特征在古埃及人和非洲黑人中很常见。这显示出了她的混合血统。"

相关专家对这个结论表示认可。研究托勒密王朝的权威专家冈瑟·赫尔布称这具遗骨的身份认证是"一项了不起的发现"。

莫扎特的真正死因新发现

奥地利著名的音乐大师莫扎特于1791年12月5日死于维也纳，时年35岁。这位音乐奇才的过世不仅令世界音乐界感到震惊和痛惜，也为西方医学界留下了难解之谜。

现如今莫扎特死因之谜又添新解。荷兰研究人员说，细菌感染导致肾衰竭才是莫扎特的真正死因。

关于莫扎特的死因200多年来一直众说纷纭。他的家庭医生称他死于粟粒热，但也有人提出他死于伤寒、肺结核、肾衰竭或梅毒，甚至有人把他的死归咎为乐坛中的妒才暗中谋杀。

莫扎特遗孀的新任丈夫则表示，白天酗酒夜晚编曲的坏生活习惯加速了莫扎特的死亡。

根据莫扎特当年写给妻子康斯坦茨的一封信，美国医学专家简·赫希曼曾提出莫扎特死于旋毛虫感染的结论。信中提到他喜欢吃一种烤猪排。赫希曼说这种猪排受到过旋毛虫的污染，当时很多人因此患上这种旋毛虫病。而从莫扎特的病历记录看，其特征与这种疾病完全符合。

然而不少病理学家认为赫希曼的研究结果不够令人信服，因为赫希曼用于支持结论的依据过于牵强。

←

莫扎特雕像

　　荷兰的研究人员对莫扎特死因提出新解释。他们的研究显示，莫扎特可能死于由细菌感染引起的肾衰竭。

　　荷兰科学家比对分析了18世纪90年代维也纳人死亡的历史材料与莫扎特的病历记录，结果发现，营养不良、肺结核造成显著消瘦以及水肿是当时维也纳人的主要死因。

　　莫扎特死前身体就严重水肿。他的亲戚索菲·海贝尔说，他全身肿得甚至难以翻身。但在最后的日子里，莫扎特的神志却依然清醒，在病榻上坚持创作《安魂曲》。

　　在莫扎特生活的时期，由链球菌感染引起的肾衰竭在冬季就比较普遍。研究人员说，这位音乐大师在死前数月就患上了喉咙痛，从而导致细菌感染。

　　荷兰阿姆斯特丹大学研究人员理查德·泽赫斯说："莫扎特病重期间

很可能还起过丘疹，因为这是链球菌感染的典型症状。"

　　泽赫斯推测，莫扎特是从一名军队音乐家那里染上这种致命的"超级细菌"的。他说："我认为可以把这种细菌和超级细菌耐甲氧西林金黄色葡萄球菌（MRSA）相提并论，显而易见当时发生了流行病，而这种流行病起源于军队医院。"

　　记录显示，当时超过 500 人在莫扎特去世前后的数月里死于水肿。奥地利当时正处于战争时期，人们生活条件非常恶劣，死亡者大部分都是军人。

　　泽赫斯猜测："在莫扎特生活的时代中，有一些军人同时也是音乐家。他们可能是在维也纳演出，而莫扎特也许碰巧也在那里。"

凡·高割耳有新的说法

依照民间流传的说法，荷兰的著名画家凡·高与法国画家保罗·高更在争吵后精神崩溃，自行割下左耳。但德国历史学家查阅史料后认为凡·高部分左耳实为高更割下的，原来的传说只是凡·高为了保护朋友而编造的故事。

德国历史学家丽塔·维尔德甘斯和汉斯·考夫曼共花费 10 年时间查阅证人证词、凡·高和高更的信件等史料后，出版了新书《凡·高的耳朵：保罗·高更和沉默协议》。他们在书中提出了凡·高左耳被割的新版本，与传统的说法大相径庭。

按照书中描述，1888 年的圣诞节前夜，凡·高在法国南部阿尔勒市街上与挚友高更碰面。高更向凡·高告别，告诉凡·高他准备回到巴黎，并且永远不再回到阿尔勒。凡·高对这一消息感到震惊和难过，加之当时他又深受疾病困扰，于是变得情绪激动，无法自已，和高更在一家妓院附近发生了身体冲突。

热衷击剑的高更或许是出于自卫、或许也是一时发怒，拔出了佩剑刺向凡·高，此举的结果就是凡·高部分左耳被割下。

凡·高为了使高更免于起诉，与高更达成"沉默协议"，把所割下的部分左耳交给一名妓女后便跟跟跄跄回到家中，直到第二天才被警察发现。而高更在扔掉"凶器"后，第二天便离开了阿尔勒，两人从此再没见过面。

不过，考夫曼说："我们还不能肯定高更到底是有意伤人还是失手误伤，不过当时天色已黑，我们猜测高更也不愿意伤到朋友。"

两位作者在书中举出了凡·高和高更的信件等证据证实他们的所言非虚。

例如，凡·高在事发后写给高更的第一封信中明确说道："我会保持沉默，你也要一样。"考夫曼和维尔德甘斯认为这显然就表示了一种"沉默协议"。

数年后，高更在写给另一位友人的信中也提到凡·高。信中说：他守口如瓶，没什么能让我抱怨的。

考夫曼还指出，凡·高在给他的兄弟西奥的信中也曾隐约地谈及那天晚上发生的事情。凡·高写道："幸运的是，当时高更身上没有带枪或其他火器，因为他也情绪失控了。"

"我们手头有很多文件都在暗示原来'自残'的版本不正确，"考夫曼说，"另外，据我所知，凡·高和高更均未打破他们定下的'沉默协议'。"

除了书面证据外，两位作者还指出，凡·高被割下的那部分耳朵边缘是呈锯齿形的，这与高更的佩剑边缘相吻合，因此种种证据将矛头指向高更。

考夫曼在为新版本提出佐证的同时，也对旧版本提出了质疑。

旧版本中一些事实有自相矛盾之处，过去人们所相信的只是当事人的一面之词，没有任何独立的第三方能证实这一说法。

"凡·高自己的说法什么都说明不了，他与高更事后的种种行为和迹象都表明他们在掩盖事实。"考夫曼说。

另外，考夫曼和维尔德甘斯同时还驳斥了凡·高当时已经发疯的说法。

"这是高更为了给自己辩护而编造的谎言。"考夫曼说，"但这件事对凡·高来说如晴天霹雳，以致他再也没能从阴影中走出来。事后他病情恶化，并导致最终选择自杀。"

← 凡·高

马王堆古尸研究：辛追生前患冠心病

　　1972 年 12 月 14 日上午，中南大学湘雅医学院病理学教授彭隆祥在马王堆千年古尸辛追身上划下了第一刀，手心隐隐沁出汗。他没料到，这不久之后引起了国际医学界震动，外国众多专家慕名而来，他们苦求不到古尸的半根头发。而现在，彭隆祥已经退休，他仍忙碌于宣传"马王堆型尸"对医学、对中国乃至全人类的巨大意义。

　　1972 年，医学院非常缺乏人体教学标本，刘里候教授总是隔三岔五跑到野外，找别人不要的尸体。他听说马王堆挖出了一具女尸，就赶紧跑过去。考古的人非常重视文物，不太重视古尸，正好挖出来后也没办法保存，他们就爽快地答应了："行，尸体就给你们了。"刘里候一看，尸体保存得如此完好，隐约感觉这很不一般。

　　研究还没开始，女尸千年不朽的消息就迅速传开了，人们都要到博物馆看。当时的省革委说，长沙几十万人，轮流看，几年就能看完了。博物馆甚至还来不及清理登记文物，就于 5 月 22 日开放参观女尸，于是每天上万人往馆里挤，来了 80 名警察、200 名民兵都没法维持秩序。开放第一天，陈列室的大门就被挤坏了。周总理听说后很生气，批示立即妥善保护。博物馆只好连夜再把女尸悄悄运出来，暂时放在湖南医学院保管着。

　　周总理虽然当时重病，但他很重视这个事，亲自批示要在12月14日进行解剖。专家们从来没做过这种手术，更何况是政治任务。起初每个人都积极地发表意见，但当讨论谁做主刀人的时候，却都不说话了。彭隆祥当时有16年的解剖经验，已经主刀解剖了两百多具尸体，所以毛遂自荐了。刚举手，专家们马上热烈鼓掌表示同意。

　　到了解剖那天，很多领导都来了，站在手术台边上看。彭隆祥和助手们当然也紧张，但更不能分心。刚把"老太太"的胸腹部划开，所有人都兴奋起来，因为发现她的内脏非常完整，这样的古尸是很少见的。彭隆祥意识到，这一刀下去，价值肯定超过先前的想象。后来的研究，也印证了他的猜想，彭隆祥和助手们开创了中国医学史古代病理学研究的先河。

　　解剖过后，他们开始研究"老太太"的内脏，发现食道里有一些食物残渣、小肠里有138颗半甜瓜籽、心脏动脉有粥样硬化斑块、胆囊里有结石。这些细节都透露了死因：她患有冠心病、动脉硬化、胆结石等

←　马王堆一号墓挖掘现场

疾病，身体还很肥胖。在2000年前的夏天，她在吃完甜瓜后3个小时内，胆结石突然发作，引起了反射性心脏痉挛，猝然死亡。这说明了冠心病早在2000多年前就存在了，而不是现代社会的时髦病。

而后又发现辛追身上还带有血吸虫卵。血吸虫病以前称为"日本血吸虫病"，因为是日本学者最早发现的，最早的病例在1904年。"老太太"的出土，便印证了我国《内经》等古代著作中对血吸虫病的论断。

国际医学界对此非常关注，给辛追取名为"东方睡美人"。有些专家远道而来，要参与研究古尸，甚至只想要半根老太太的头发。上级都没有答应："我们自己可以研究。"

马王堆里都是国宝，而"老太太"是宝中之宝，因为她创造了保存两千余年不腐的世界纪录，而且形态完整，皮肤仍保持弹性，部分关节甚至还可弯曲。这是一个奇迹。专家们称她为"马王堆型尸"，可作为专门的古尸类型来研究。

其实一直有几个遗憾，"马王堆型尸"是个非常有价值的研究概念。但现在人们去博物馆参观，只是在看热闹，他们的研究成果不能很好地展示出来。其实它们才是最有价值的国宝，一辈子都研究不完。不过，目前的技术可以让"老太太"保存至少200到500年，我们相信后来者一定能发掘更多秘密。

被囚禁的光绪帝不逃跑之谜

戊戌政变后，慈禧训政，光绪被剥夺了一切权力，并被监控起来，失去了人身自由。初被控制，光绪一时不能适应，愤怒、烦躁中伴有恐惧，对此《戊壬录》有记载：

← 光绪帝

初七日，有英国某教士，向一内务府御膳茶房某员，询问光绪之躬安否，某员言已患失心疯病，屡欲向外逃走云。盖光绪自恐不免，因思脱虎口也，乃为西后之党所发觉，遂幽闭光绪于南海之瀛台。当光绪欲外逃时，闻有内监六人导之行，至是将六监擒获，于十三日与康广仁等六烈士一同处斩。而西后别易已所信任之内监十余人，以监守瀛台。

这一段记载来自于茶房某员的话，其用词估计欠缺推敲，比如"屡欲向外逃走"中的"逃走"二字，想来光绪不是傻子，逃走是偷偷进行的，在不为人觉察的情况下，经过秘密筹划，利用某种机会忽然出走，脱离慈禧的掌握，岂有"屡欲逃走"的道理，"欲"者，想逃而未逃，并不是真的逃跑，光绪屡屡将欲逃之念表露出来，并不是为了逃跑，只是一种表达愤怒的方式，想来光绪以帝皇之尊，一朝之间沦落得囚徒般被人看守，其心理上一下子如何能接受了，愤怒、暴躁等情绪中夹杂着对未知命运的恐惧，那茶房官员形容其为"失心疯"，倒也能反映出光绪当时的状况。另外，"以内监六人导之行"的话更是荒谬，光绪若真的逃跑，还能这样子摆排场，让六名之多的太监前呼后拥着偷偷逃跑？

被幽禁到瀛台之后，光绪也曾用出走来表达愤怒或者反抗，此事很多资料上都有记载，《光绪帝外传》的记载是：迁上于南海瀛台，三面皆水，隆冬坚冰结。传闻上常携小阉踏冰出，为门者所阻，于是有传匠凿冰之举。这个记载也很有意思，"常携小阉"与上边引文的"屡欲外逃"其实是一个意思，光绪若真的打算逃，那就不会常常踏冰出，因为这样只会打草惊蛇，引小阉屡屡踏冰，是他心中烦躁愤懑不平无法发抒，所以明知难出宫门却硬是要去闯门。

其实光绪要逃跑，在西狩的路上，逃跑的机会十分多。八国联军进京，慈禧惶惶如丧家之犬，随行人员也不多，对光绪的看管自然有所松懈，但是光绪此时并没有任何逃走的迹象，更没有因逃跑被抓的记载，所以可以肯定，光绪一直没有逃跑的打算。

毛遂自刎之谜

在中国历史上，毛遂是出了大名的。一位普通的门客，凭借自信和勇气，凭借胆识和智慧，自荐出使楚国，促成了楚、赵合纵，同时也得到了"三寸之舌，强于百万之师"的美誉，这就是"毛遂自荐"。但是毛遂之死却算得上一个悲剧。据史料记载：由于毛遂促成了楚国与赵国的"合纵抗秦"大计，挫败了秦军的侵犯，从而得到了平原君的特别赏识。在"毛遂自荐"的第二年，燕军派大将军粟腹领兵大举进犯赵国，由于平原君没有意识到毛遂只是个外交人才，而非统帅千军的将才，便力举毛遂统帅大军前去御敌。结果昌都一战赵军被燕军杀得片甲不留。毛遂面对一败涂地的惨状，羞愤万分，自刎身亡。这就是历史上鲜为人知的毛遂自刎。

从"毛遂自荐"的辉煌到"毛遂自刎"的凄惨，短短一年，毛遂从人生的顶峰坠落低谷，乃至殒命，这不能不让人嗟叹。

这种落差带给我们的思考是不能停止的。我们得辩证地看待这种落差。从读史明理的角度看，毛遂自荐最少给我们一个很好的启示：一个人要善于发现自己的长处，并要适时表现。毛遂在平原君那里当了三年食客，才不显，能不露，根本没有引起平原君的注意，但是他很清楚自己的才能。当秦国围攻赵国，平原君力挑说客时，他主动推荐自己，并最终依靠自己雄辩的口才说服楚王联赵结盟，共同抗秦。一个人的才能并不是到哪里都能得到赏识的，因为"千里马常有，而伯乐不常有"。即使有伯乐，千里马也须常"嘶鸣"。适时发现自己拥有的才能，并像毛遂一样抓住机遇，展现自我。当然，毛遂自刎也是有启示的：一个人要学会拒绝。当毛遂得知赵王要他带兵打仗时，他是拒绝的，因为他深知自己有雄辩之才而无将帅之能，但他终究没有推脱。对于我们，一个自己才能无法达到的目标，要学会拒绝；一个自己无法解决的难题，要学会请教；一个自己无法解决的困难，要学会求助。从哲学的观点来讲，就是要真正看到自我本质，要务实去虚，能就是能、不能就是不能。

从军事战略上也能得出两点启示：一是毛遂的"三寸之舌，强于百万之师"，强调的是某一方面的优势对全局的极其重要的掌控作用。这就要求我们的军事战略在某一方面造势，用突出的某一方面核心战斗力威慑敌方，达到军事目的；其二，毛遂这个雄辩的外交家在使用上的错位导致一败涂地的结果告诉我们，一个真正的军事家，与其雄辩的口才并无多大关系，他需要有高度的战略眼光与娴熟的指挥技巧。换个角度来说，军事人才，当然也不仅仅是军事人才的使用，必须着眼于其具备某一方面的能力素质，否则，无异于是对人才的扼杀。

"草圣"张芝的传奇

　　张芝，字伯英，东汉著名的书法家，最善草书，时称"草圣"。据《敦煌名族志》记：他本为前汉司隶校尉清河张襄的后裔，后襄子西迁敦煌，子孙世居敦煌县城北府，故又号"北府张"。

　　张芝出身宦门，父亲张奂曾任东汉封疆大吏，一生为官清廉，不畏

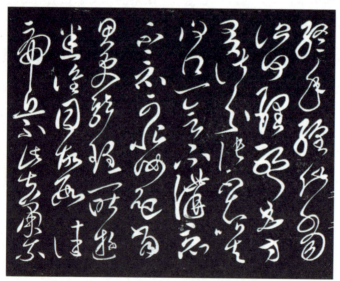

←　张芝的草书

权贵，这对张芝"少有操节"的性格是有直接影响的。

张芝年轻时勤学上进，酷爱读书，时人认为他以后不是"文宗"就是"将表"。当朝太尉和地方官吏累次征召，让他出来做官，他都拒而不就，故有"张有道"之称。他一生潜心书法，确实下过一番苦功："家之衣帛，必书而后练，临池染翰，水为之黑。"唐写本《沙州图经》记载：在唐开元四年九月，敦煌县令赵智本，曾根据史料所记在敦煌"县城东北一里效谷府东南五十步"传说为"张芝墨池"的地方，掘得"一石砚，长二尺，阔一尺五寸"。可见，张芝临池学书的事当是传有所据的。

张芝的书法，精劲绝妙，行、隶见长，尤精草书，其书体一笔到底，连缀不断，气脉通联，好比惊蛇入草，飞鸟入林，古人谓之"一笔飞白。"张芝的书法，与当时著名书法家罗叔景、张元嗣并称，被当时人们称为"草圣"。晋代大书法家王羲之推崇说："汉魏书迹，独钟（繇）张（芝）两家。"他的书迹保存在《淳化阁帖》里有五帖，其中《秋凉平善帖》可以说是张草的典范，为世所宝。他并著有《笔心论》，今已佚。

张芝的兄弟张昶，字文舒，也善草书，又极工八分书（汉隶的别名）。时人称为"亚圣"。张昶书有《西岳华山堂阙碑铭》至今传世。

胡惟庸被诛九族之谜

　　洪武十三年（公元 1380 年）正月，丞相胡惟庸称他家的旧宅井里涌出了醴泉，邀请明太祖前来观赏。这是大明的祥瑞呀，朱元璋欣然前往，走到西华门时，一个名叫云奇的太监突然冲到皇帝的车马前，紧拉住缰绳，急得说不出话来。卫士们立即将他拿下，乱棍齐上，差点把他打死，可是他仍然指着胡惟庸家的方向，不肯退下。朱元璋这才感到事情不妙，立即返回，登上宫城，发现胡惟庸家墙道里都藏着士兵，刀枪林立。于是立即下令将胡惟庸逮捕，当天即处死。

　　云奇身为内使，居西华门，离胡宅非常近，既然知道胡惟庸谋逆，为何不先期告发，一定要事迫在眉睫时，才拦驾告发？况且如果胡惟庸真要谋反，也是秘密埋伏，即使登上城墙也不可能看到刀枪林立。谋反这么大的案件，胡惟庸当天下狱，当天就被处死，处置得如此匆忙，实在蹊跷。据《明太祖实录》记载，四天前，也就是正月甲午，中丞涂节已经告胡惟庸谋反，以明太祖猜忌多疑的性格，怎么还会去胡惟庸家看所谓的祥瑞？可见，云奇告变纯属子虚乌有。

　　胡惟庸案前后株连竟达十余年之久，诛杀了三万余人，成为明初一大案。事后朱元璋还亲自颁布《昭示奸党录》，告诫臣下，切以胡惟庸为鉴。

　　胡惟庸案真相到底如何？明代法令严峻，多讳言此事。即使到清朝修《明史》时，也只是说胡惟庸被诛时"反状未尽露"，这不免让人生疑。

顺治帝果真拆明陵建清陵吗

在中国历史上，新朝拆毁前朝的皇陵，屡见不鲜，其中最为著名的有项羽、曹操、董卓、黄巢、刘豫、陈奉、乾隆、孙殿英等。

明朝和清朝以前是敌对的。明朝认为努尔哈赤建的后金是以前金朝的后代，为了阻止后金的强大，明朝曾拆毁了北京房山的金陵，以断其龙脉。后来清朝为了报复，多尔衮也曾下令拆毁了明定陵的大殿。民间和野史关于拆明陵建清陵的说法，已经流传几百年了，尽管谁也拿不出真凭实据来，但许多人认为这样做是顺理成章的、合乎情理的。并且清朝的官方书籍明确记载孝陵是于康熙二年（1663年）二月动工，顺治帝和他的两个皇后于同年六月初六日入葬孝陵地宫。康熙三年八月

← 顺治帝

129

二十二日孝陵工成。包括冬夏两次例行停工在内，施工时间只有一年半。孝陵建筑有数十座，序列长达 12 华里，怎么可能在一年多的时间里就建成呢？只有使用现成的旧料才行。

1991 年 5 月到 1993 年 5 月，清东陵文物管理处古建队对孝陵各建筑进行了全面维修。在拆卸隆恩殿和东西配殿时，发现木构件不仅全部是名贵的金丝楠木，而且这些木构件全部是用大件改成的小件，也就是说这些木件全是旧料。人们自然会想到高大雄伟的明长陵大殿以及巨大的楠木梁柱，这一发现更使人坚信了拆明陵建清陵的说法。难道孝陵真的是用拆的明陵旧料建起来的？正当人们狐疑难定之时，孝陵工地又传出了新的消息：孝陵隆恩殿的许多天花板的背面刻有文字。仅从明间拆下的部分天花板中就发现了 18 块字迹比较清楚的天花板。这些文字皆为阴刻，很不规范，结合其内容可知，这些文字是当年工匠们为了防止安装天花板出现错位而作的记录。这些文字表明营建孝陵是使用了清馥殿和锦芳亭的旧料。

那么清馥殿和锦芳亭是哪里的建筑呢？《日下旧闻考》告诉我们，清馥殿是北京北海西岸的一座明朝建筑，坐西朝东，面阔 9 间，建于明嘉靖十年（公元 1531 年）。第二年三月，又在清馥殿前建丹馨门和锦芳、翠芳二亭。嘉靖皇帝经常在那里游玩、赋诗。明隆庆年间，这一带殿宇多倾圮毁坏。至万历年间，北海西岸众多建筑多已无迹可查了，"唯清馥殿整丽如故"，仙芳门、丹馨门、锦芳亭、翠芳亭尚存。康熙五年（1666 年），在清馥殿旧址上建起了规模宏大的弘仁寺。这说明清馥殿在康熙五年（1666 年）就不存在了。清孝陵建于康熙二年至三年，与拆用其料建孝陵之事正好相合。

霍元甲是怎么死的

　　大侠霍元甲是怎么死的？根据张宏《民国十五疑案》一书，关于霍元甲的死因，大致有两种说法。一说是被日本人害死的。据说，霍元甲去世后，朋友们拿着日本医生开的药拿去化验，发现这是一种慢性烂肺毒药，这才知道是日本人暗下了毒手。

　　持这种说法且影响最大的，是当时的武侠小说作家平江不肖生（向恺然）笔下写到的霍元甲之死。1912年，著名武侠小说家平江不肖生先后出版《拳术》和《近代侠义英雄传》两部作品。在这两部作品里，平江不肖生栩栩如生地描写了霍元甲是如何被日本医生秋野暗害死的。

　　平江不肖生描写的情形如下：

　　吓跑奥皮音，成立精武体育会后，霍元甲的胸痛加剧了，只得再到秋野医院去就诊。秋野道："霍先生不听我的劝告，此刻这病已深入，不易治疗了。"便要霍元甲住院，并说："要完全治好，大约须两个月以上。"秋野诊治得非常细心，常在霍元甲身边。

　　过了一个星期，疗效很好，预料还有几个星期可以出院。谁知日本柔道讲道馆来请霍元甲，秋野便陪同霍元甲前往。讲道馆中与众人寒暄过后，日本柔道高手便与刘振声交了手，——都败了北，一个叫常磐虎藏的，露出那骇人的赤膊，不找刘振声握手，却直扑霍元甲而来。霍元甲既不情愿打，又不情愿躲避，只得急用两手将他两条臂膀捏住，不许他动，一面向秋野说话，要求秋野劝解。不料常磐被捏得痛入骨髓，用力想挣脱，用力越大，便捏得越紧，一会儿被捏得鲜血从元甲指缝中流出来。霍元甲一松手，常磐已痛得面无人色，在场的人，谁也不敢再来比试了。

霍元甲托秋野解释，秋野只管说不要紧，便一齐回了医院。到了夜间八点钟，秋野照例来房中诊察，便现出很惊讶的神气说道："怎的病症忽然厉害了呢？"霍元甲道："我此时并不觉得身体上有什么不舒适，大概还不妨事。"

秋野含糊应是，照例替霍元甲打了两针，并冲药水服了，拉刘振声到外边房里说道："我此刻十分后悔，不应该勉强欢迎贵老师到讲道馆去，如今弄得贵老师的病，发生了绝大的变化，非常危险，你看怎么办？"并且说："贵老师用力过大，激伤了内部，这是出乎我意料的事，我实在是不能治疗。我看你还是劝你老师退院，今夜就动身回天津去，或者能赶到家乡。"刘振声刚待回答，猛听得霍元甲在房中大喊了一声，那声音与寻常大异，慌忙拉秋野跑过去看时，只见霍元甲已不在床上，倒在地板上乱滚，口里喷出鲜血来，上前问话已不能开口了。秋野又赶着打了一针，口里不喷血了，也不乱滚了，仍抬到床上躺着，不言不动，仅微微有点鼻息。

霍元甲已失了知觉，刘振声只好独自赶到精武体育会，把农劲荪找来。农劲荪虽比刘振声精细，看了种种情形，疑惑突然变症，秋野不免有下毒的嫌疑，但是得不着证据，不敢随口乱说。奄奄一息地延到第二日夜深，可怜这一个为中国武术争光的大英雄霍元甲，便脱离尘世去了，

← 霍元甲故居

时年才 42 岁。

　　支持以上说法者很多，主要有上海精武会的史料记载。有关霍元甲逝世前后的情况，上海精武会的史料上是这样说的："在（上海）王家宅成立了精武体操会后，霍元甲担任武术教练，名声渐大，当时沪上日本人技击馆得知此情后，从日本挑选了十余名柔道高手欲与霍元甲较量，霍偕徒刘振声应邀前往日本技击馆切磋技艺。据记载：'日方突袭元甲，元甲反袭日方……乘势一推，竟跌日人于天阶中，不幸断其右手，虽无心伤害，终不免于不悦。'从此日人与霍结下怨恨。正当霍元甲主持精武体操会，精心培养骨干以图大展伟业之时，却遭日本人的陷害。因误服了日人上门兜售的丹药后咯血病加剧，急送新闸路中国红十字医院医治二周后逝世。据《精武本纪》记载：'力士殁之翌晨，秋医（日本医生秋野）已鼠窜归窟，力士门弟子大疑，检力士日服之余药，付公立医院察之，院医曰：此慢性烂肺药也。'虹口日侨居住区自应邀抵沪至被日本人所害，时仅六个月，他的突然逝世，使精武体操会失去了支柱，会务无形停顿。"

《精武本纪》是 1919 年为纪念精武会成立十周年而出版的。它的记载也就成为下毒说的最有力的证据。

还有一种说法，认为霍元甲之死并非日本人所为，而是因病而死。支持这种说法的根据是，就霍元甲患病及逝世经过，早期精武体育会的实际操办者之一陈公哲在《精武会五十年》里曾写过以下文字："霍先生原患有咯血病，自寓所深居时，时发时愈。日人有卖仁丹药物者，时到旅邸，出药示霍，谓之可愈咯血而治肺病。霍先生信之，购服之后，病转加剧。霍先生得病之由，谓少年之时，曾练气功，吞气横阙，遂伤肺部，因曾咯血，面色蜡黄，故有黄面虎之称。自迁之王家宅后，霍先生病转加剧，由众人送入新闸路中国红十字会医院医治两星期，即行病逝。众人为之办殓，移厝于河北会馆。越一年运柩北返。"

显然，根据陈公哲的回忆，霍元甲原来就患有咯血病，经常会发作，日本人卖药给霍元甲，说是可以医治咯血、治愈肺病，霍元甲相信了，买来服下之后，病情反而严重了起来。陈公哲说这段话时没有是非判断，虽然他肯定了霍元甲购服日本人之药病情加重的事实，却没有说是日本人下毒，而是推测霍元甲用药不当。陈公哲这段话的后面，直接点出了霍元甲生病的原因，是霍元甲少年之时，曾练气功，"吞气横阙，遂伤肺部"，因而导致咯血，面色蜡黄。因此，持病死论一说者不同意下毒说，而倾向于认为霍元甲是死于自己练气功不得法而导致的病症。

相较于下毒的外因说，这种霍元甲死于自身病症的说法也可以称之为内因说。这种说法涉及霍元甲是否练气功和是否因练气功走火入魔而得病的问题，让人们联想到了武侠小说里经常讲到的气功观念。

持病死论一说者最后总结说："陈公哲是邀请霍元甲来沪的发起人之一，又是霍元甲与奥匹音商量比武事宜的翻译，直至霍病逝。他和霍元甲接触频繁，友谊甚笃。因此，关于霍元甲的死因，陈公哲所述应该是可信的。由此可见，霍元甲不是因为误伤日本柔道家而被日本医生用药毒死，而是因原患咯血症转剧送医院医治无效而死。"

无论是下毒的外因说还是病死的内因说，霍元甲有病都是一个事实，因为没有病就不需吃药，不吃药就不会中毒。在外因说里面，日本医生秋野要下毒，也是趁霍元甲有病要吃药的机会做的小动作。

东方第一军事家蒋百里

　　蒋百里将军，曾号称东方第一军事家，谈起传奇，自然要从谈兵开始。蒋百里将军最后一次谈兵，是在去世前不久，到达宜山时见到冯玉祥，对冯玉祥说，建议多修高等级公路。将军解释说，此后抗战进入相持阶段，我军装备多靠外援，日本必定要切断我国国际交通线。我国内地没有橡胶资源，轮胎只能靠进口，所以多修公路，修好公路可以减少轮胎磨损，实际增强我国作战的后勤能力。而我国人口众多，劳力便宜，修路，就是惠而不费的事情了。

　　将军不久去世，而预言竟成真，日军切断香港，滇缅补给，与苏联签订友好条约后，中国外援断绝。轮胎的匮乏使中国无法集中进行一次大战役的所需物资，一时竟有"一滴橡胶

← 蒋百里

一滴血，一个轮胎一条命"的说法。此例可见百里将军谈兵风格，一言以蔽之，简明实用。

在保定陆军军官学校担任校长时，蒋百里给学生上课，先不讲，在黑板上写一个题目——一个人打十个人怎么打？让学生们讨论。此地是中国当时最高军事学府，堪称众星云集，然这些未来叱咤风云的将领们面对这个题目，瞠目结舌，无言以对——是啊，这一个人打一个可以讨论，打十个除非对方个个病猫，又如何打法？

半晌，百里将军乃从容讲道——一个人打十个人的法子，便是一个一个地打，打了一个再打一个。一句话点出了兵法中集中优势兵力各个击破的精髓，众人恍然大悟之下，这堂课学到的东西大约终生不会忘记了。

蒋百里将军一生研究对日作战，1923年即断定中日将来决战之地为平汉线以西的襄阳、洛阳、衡阳，他所作的《国防论》成为指导当时中国军队对日作战的方针。

当时敌强我弱，形势严峻，当此艰难时刻，蒋百里却发表文章，在充分分析中日国情后，坚定鼓励大家——"打不了，也要打，打败了，就退，退了还是打，无论打到什么田地，穷尽输光不要紧，胜也罢，败也罢，就是不要和它讲和！"一时传彻全国，舆论为之振奋。而中日此后的战况一如将军所料。中国最终也没有和日本讲和，终于追到了日本的无条件投降。不知道此时人们是否还记得将军的这段话？

有趣的是，蒋百里将军在讨论中日问题时，首先就指出——中国不是一个尚武的民族。好家伙，就这一句话，能被标榜爱国的人士骂死的——谁说我中华民族不尚武？！这个帽子谁敢戴啊？蒋百里敢戴，他说的有道理，我们"好男不当兵，好铁不打钉"的传统，能和德国、日本这样的军国主义比尚武么？

　　如果话尽于此，对蒋百里先生谈不上佩服，他不过是敢说实话罢了。我们很多人也就话尽于此，也许这就是我们和蒋先生的差距所在。

　　蒋先生随后指出，虽然我们尚武不及敌手，但是我们也有优势。我们不是工业国而是农业国。工业国好打，占领它的关键地区他就要投降，纽约就是半个美国，大阪就是半个日本，打不下去了。而农业国你占领了我最重要的沿海沿江地区也不要紧，我这样一个松散的国家你没有要害可抓。所以，我们的抗战可以以国民为本，打持久战，这是我们打持久战的条件。

　　所以，蒋百里先生说："千言万语化作一句话，中国是有办法的。"